QUEM AMA ESCUTA

betty milan

Obras da Autora

ROMANCE

O sexophuro, 1981
O papagaio e o doutor, 1991, 1998 (França, 1996; Argentina, 1998)
A paixão de Lia, 1994
O clarão, 2001 (Finalista do Prêmio Passo Fundo Zaffari & Bourbon de Literatura)
O amante brasileiro, 2004
Consolação, 2009
A trilogia do amor, 2010

ENSAIO

Manhas do poder, 1979
Isso é o país, 1984
O que é amor, 1983; *E o que é o amor?*, 1999
Os bastidores do carnaval, 1987, 1988, 1995 (França, 1996)
O país da bola, 1989, 1998 (França, 1996)

ENTREVISTA

A força da palavra, 1996
O século, 1999 (Prêmio APCA)

CRÔNICA

Paris não acaba nunca, 1996 (China, 2005)
Quando Paris cintila, 2008

COLUNISMO

Fale com ela, 2007

INFANTIL

A cartilha do amigo, 2003

TEATRO

Paixão, 1998
A paixão de Lia, 2002
O amante brasileiro, 2004
Brasileira de Paris, 2006
Adeus, Doutor, 2007

QUEM AMA ESCUTA

betty milan

EDITORA RECORD
RIO DE JANEIRO • SÃO PAULO

2011

CIP-BRASIL. CATALOGAÇÃO-NA-FONTE
SINDICATO NACIONAL DOS EDITORES DE LIVROS, RJ

Milan, Betty
M582q   Quem ama escuta / Betty Milan. - Rio de Janeiro : Record, 2011.

Crônicas da Coluna Fale com ela, publicadas na Veja.com.
ISBN 978-85-01-09421-6

1. Crônica brasileira. I. Título.

11-3199.   CDD: 869.98
                                            CDU: 821.134.3(81)-8

Copyright © Betty Milan, 2011

Projeto gráfico: Luiz Stein Design (LSD)

Equipe LSD: Fernando Grossman, João Marcelo e Mariana Spena

Preparação de texto: Mirian Paglia Costa

Foto da autora: Oswald

Composição de miolo: Abreu's System

Texto revisado segundo o novo Acordo Ortográfico da Língua Portuguesa.

Direitos exclusivos desta edição reservados pela
EDITORA RECORD LTDA
Rua Argentina 171 – 20921-380 – Rio de Janeiro, RJ – Tel.: 2585-2000

Impresso no Brasil

ISBN 978-85-01-09421-6

Seja um leitor preferencial Record.
Cadastre-se e receba informações sobre nossos lançamentos e nossas promoções.

Atendimento e venda direta ao leitor:
mdireto@record.com.br ou (21) 2585-2002.

EDITORA AFILIADA

Todos querem ser escutados.
Barack Obama

Apresentação 11

Tudo nunca já foi dito 15

O amigo não rouba tempo 19

O amor rejuvenesce 23

Fantasia de incesto não é incesto 27

Ninguém escolhe preferência sexual 31

Quem ama respeita 35

Quem casa quer coincidir 39

O amado aceita o que o amante oferece 43

O que importa é a qualidade do encontro 47

O triângulo pode ser a solução 51

Manter segredo é um direito 55

O amante vive sua liberdade com o amado 59

Sem amor não há paz 63

O amor ilumina 67

A morte pode nos guiar 71

O amante não censura o amado 75

Separar-se não é romper 79

O que separa as pessoas é o preconceito 83

A sexualidade humana é variada 87

A palavra terapia pode ser vazia 91

Quem teme a perda já perdeu 95

O pai que se deixa educar pelo filho ensina a escutar 99

Sexo não é questão de moda 103

A pior paixão é a da ignorância 107

O futuro depende do presente 111

Fidelidade obrigatória não é virtude 115

A vida pode ser reinventada sempre 119

A função paterna é dar limites 123

Cada crime é um 127

A repetição é uma armadilha 131

O amor é sempre moderno 135

O ciúme é uma forma de masoquismo 139

Não ter filho é um direito 143

Ninguém é livre porque quer 147

Não é preciso se deslocar para se separar 151

A liberdade remoça 155

A mentira é um atoleiro 159

O amor é um ideal de vida 163

Sem liberdade o amor não se sustenta 167

A fidelidade forçada não é fidelidade 171

A ignorância mata 175

A amizade requer a abnegação 179

O que importa é ser feliz 183

Só quem se ama pode ser generoso 187

O bom clínico sabe escutar 191

O viciado nunca é livre 195

Fica bem quem aceita que o tempo passa 199

O brincar é um recurso civilizatório 203

Freud será eternamente moderno 207

O amante deseja contentar o amado 211

O amor desabrocha com as palavras 215

O amigo não trai 219

O caminho do meio é o melhor 223

Ninguém é obrigado a ter parceiro 227

Em matéria de sexo não existe certo nem errado 231

O amante sabe esperar 235

O analista escuta para que o analisando possa se escutar 239

Sem o masoquista o sádico não tem vez 243

Nada é pior do que se desvalorizar 247

Amor é amor 251

Somos mais do que pensamos 255

Incesto é loucura solta 259

A vida é um quebra-cabeça 263

Separação implica diplomacia 267

A sinceridade vale ouro 271

Quem deseja o que pode é livre 275

A impaciência é contrária à cura 279

Gravidez só de propósito 283
O ciúme se autoengendra 287
O amor não existe sem a falta 291
Quem gosta de sofrer não sara 295
A escolha do analista é decisiva 299
Ninguém pode tudo 303
Don Juan de saia também existe 307
Gosto e sexo não se discutem 311
Só diz *sim* quem ousa dizer *não* 315
O tempo da análise depende do analista e do 318
analisando 319
Nenhum tema é irrelevante 323
Todos somos vulneráveis 327
Quem ama não sustenta o vício alheio 331
Ninguém precisa continuar casado 335
A vingança é um sentimento arcaico 339
O pai que se ajuda está ajudando o filho 343
Aprender a mudar é uma arte 347
Sexo revitaliza 351
Cada um é um 355
O inconsciente pode ser implacável 359
A pessoa ama como foi amada 363
Quem fala pode se surpreender e mudar 367

A raiva só prejudica 371

A prudência é salutar 375

A vingança maltrata quem se vinga 379

Só é feliz quem se aceita 383

A vida implica saúde e doença 387

O falo é uma flor 391

O amor não tem preço 395

Não dar ouvidos pode ser tão importante quanto escutar 399

Só o amor do cão é incondicional 403

O amor não requer provas 407

A vida depende da boca 411

Apresentação

As primeiras colunas do meu consultório sentimental foram publicadas na *Folha de S. Paulo* e reunidas pela Record no livro intitulado *Fale com ela*. O consultório continuou na *Veja.com*. Dado o grande número de leitores e o fato de que nenhuma coluna é igual à outra, pareceu oportuno juntar novamente as melhores num livro que poderia se chamar *Fale com ela 2*. Porque o trabalho e a orientação são da mesma natureza.

Não respondo à questão do consulente dando uma solução, porém indicando o caminho no qual esta pode ser encontrada. Faço isso através de uma análise rigorosa do texto enviado. Para dar a resposta, valorizo as palavras do consulente e a sua maneira de se expressar. Quanto mais eu me aprofundo na subjetividade de quem me pede um conselho, maior é a identificação dos leitores. Como em *Fale com ela*, respondo às mais variadas perguntas. Do septuagenário casado que se apaixonou por uma jovem. Da mulher que é amante de um homem casado e não suporta o triângulo. Da jovem que ao transar toma o parceiro pelo irmão. Do *gay* que procura prostitutas para se convencer de que não é *gay*...

O meu procedimento, enquanto consultora, é, por um lado, análogo ao do romancista. Ao contar a história de

Madame Bovary, Flaubert contou a das bovarianas passadas, presentes e futuras. Fez da Bovary uma adúltera universal. Também eu procuro a universalidade de cada caso. Daí as tantas referências ao teatro e à literatura. Por outro lado, faço com o texto do consulente o que o analista faz com a fala do analisando. Sublinho o que importa a fim de que o consulente possa olhar para si mesmo de maneira nova e desvendar o motivo do seu drama.

Sustento, neste livro, as mesmas ideias presentes em *Fale com ela*. Ou seja, que é possível se liberar dos preconceitos e que, para não estar continuamente sujeito ao inconsciente, é necessário levar em conta a sua existência e decifrá-lo quando isto se impõe.

Aprendi com o trabalho que, seja qual for a história, nós todos podemos nos reconhecer nela, porque a escuta humaniza. Quando escutado, o drama do outro pode se tornar meu. Tiro dele ensinamentos preciosos. Recebi mais de um e-mail em que o leitor me dizia isso. Valia-se da história alheia para resolver os percalços da própria.

Além de curar, a escuta aproxima. Permite encontrar a semelhança no seio da diferença e superar a intolerância. É um recurso privilegiado para alcançar a paz, que depende da capacidade de incluir o outro no nosso espaço vital. Só por isso, a importância do consultório sentimental é incontestável. Pode o meio de difusão mudar, porém o consultório não deixará de existir. Será sempre moderno.

Tanto neste livro quanto em *Fale com ela*, há uma educação sentimental nova. Por três razões. Primeira: pela ideia de que o inconsciente existe e é preciso se escutar para não ficar à mercê dele, não ser vítima da paixão. Segunda: porque, em decorrência da importância aqui atribuída ao inconsciente, a educação não tem regra geral. A resposta é sempre função da particularidade de cada um. Terceira: porque, atualmente, a educação é feita pela mídia, e não mais no contexto da família ou através do romance, que é hoje uma referência de poucos.

Para avaliar a necessidade da nova educação sentimental, basta considerar a "revolução sexual" dos anos 60. Foi condicionada pela descoberta da penicilina e da pílula. Já não havia por que ter medo da sífilis e da gravidez indesejada. A palavra de ordem era transar livremente, sem freio algum. Foi um passo à frente; nós escapamos da repressão imposta às gerações anteriores. Só que o sexo se tornou obrigatório. Quem não aceitasse transar era "antiquado". Houve uma verdadeira tirania do sexo.

Sem uma educação sentimental consequente, a liberdade sexual não existe. Porque esta depende da liberdade subjetiva, que nenhuma revolução ensina. O sexo só é livre quando escapa à repressão, à obrigação e à compulsão, quando somos sujeitos do nosso desejo. Como a base da nova educação sentimental é a escuta, o título *Quem ama escuta* se impôs. Tomara este livro faça o leitor refletir sobre a sua existência e ter um encontro consigo mesmo. Tomara faça escutar mais e melhor, abrir-se assim para o outro.

TUDO NUNCA JÁ FOI DITO

Primeiro namorei e fui noiva de um homem mais velho, que terminou o noivado por achar impossível ir adiante. Logo depois, comecei a me relacionar com um homem casado, pai de três filhos, que fala do casamento como de uma prisão. Diz que me ama, mas não faz nada para ficar comigo.

Se eu sou tão especial, por que ele não procura viver ao meu lado? Só falamos da nossa vida íntima quando eu tomo a iniciativa, pois para ele "tudo já foi dito". Não consigo me relacionar com mais ninguém de medo de trair o meu sentimento. Não sei o que fazer. Devo ou não esperar? A melhor solução talvez seja o desligamento.

Dois homens impossíveis, um que não tem como "ir adiante" e outro que é casado e não se separa quando você quer viver junto. No dia em que você escolher um homem possível, a sua vida muda. Para isso, você precisa entender por que se envolveu nas duas situações acima. Isso requer um trabalho com você mesma. Que tal falar da sua história com quem sabe escutar?

Quanto ao seu parceiro atual, ele quer a intimidade que você propicia e é só. Do contrário, não diria sempre que "tudo já foi dito", não evitaria as palavras. Sem elas, o amor não se sustenta. O seu "parceiro" só te quer nas condições que ele impõe. Não é amor e, a menos que você queira continuar a sofrer, a melhor solução é mesmo o desligamento. Você, aliás, sabe disso, embora não possa ainda enxergar o que já vê. Melhor aceitar a desilusão e passar para outra do que viver penando iludida. A ilusão só é boa quando a gente fica feliz.

Você hoje é vítima da repetição, que é mortífera. A repetição levou Freud ao conceito de pulsão de morte. Você está às voltas com esta pulsão, mas não precisa ficar. Ou melhor, não deve, porque a vida é breve.

O AMIGO NÃO ROUBA TEMPO

Estou casada há mais de 40 anos e não me lembro se, em algum momento, eu me senti identificada com o meu casamento. Tive quatro filhos, mas sempre sonhei com os meus dias de liberdade. Costumo dizer que mãe devia ter contrato com tempo de duração.

Os meus filhos são adultos, com família constituída. Não quero aturar as neuras deles. Meu marido não aceita minha posição e isso é motivo de muita discussão entre nós. Dá vontade de pegar o chapéu e dizer até logo.

Será que eu sou uma mãe terrível? Cumpri minha obrigação em relação a todos quando eram pequenos. Tenho ou não o direito de ir para onde minha liberdade me levar?

Seu e-mail me surpreendeu. Gostei da frase "mãe devia ter contrato com tempo de duração". Claro que é preciso limitar o tempo em que a mãe se dedica aos filhos, adiando os projetos incompatíveis com a atenção exigida para o desempenho da função materna, de cuja importância ninguém duvida. O futuro da civilização depende dos valores que os pais transmitem.

Agora, ser mãe obviamente não tem nada a ver com escutar as neuras dos filhos adultos, que podem consultar um especialista para superar suas dificuldades subjetivas. Você só precisa escutar o suficiente para saber encaminhá-los. Se os seus filhos e o seu marido não sabem poupar o seu tempo, eles é que não estão se comportando como devem.

Em *A brevidade da vida*, referindo-se à cegueira do ser humano, Sêneca diz: "Ninguém permite que sua propriedade seja invadida e, havendo discórdia quanto aos limites, por menor que seja, os homens pegam em pedras e armas. No entanto, permitem que outros invadam suas vidas... Não se encontra ninguém que queira dividir sua riqueza, mas a vida é distribuída entre muitos! São econômicos na preservação do seu patrimônio, mas desperdiçam o tempo, a única coisa que justificaria a avareza".

Você será terrível consigo mesma se não for avara em relação ao seu tempo. Faça o que for necessário a fim de ir para onde sua liberdade te levar. Quem gosta de você saberá te apoiar.

O AMOR REJUVENESCE

Tenho mais de 70, família constituída, muitos filhos e netos. Uma mulher excepcional. De repente, me apaixono por uma garota de 25 anos, morena de olhos verdes, uma fada. Devo me declarar? Será que eu sou ridículo? Estou completamente perdido. Não sei o que eu faço. Como sofrer o menos possível? Por favor, responda.

O seu e-mail me levou ao dicionário. Consulto-o sempre. Procurei, no *Aurélio*, a palavra *ridículo* e encontrei dois sinônimos: risível e irrisório. Depois, no *Petit Robert*, o outro dicionário que eu sempre consulto, mais dois: grotesco e absurdo.

O amor nem é *risível* — muito pelo contrário; nem *irrisório* — move o céu e as estrelas; nem *grotesco* — trata-se de um sentimento sublime; nem *absurdo* — o amor faz tanto sentido que o poeta lírico existe desde sempre. Portanto, o ridículo você não precisa temer.

Você me pergunta se deve ou não falar dos seus sentimentos para a jovem que o arrebatou. Respondo com outra pergunta: vai deixar passar a ocasião, com mais de 70 anos, de viver de novo o amor, que precisa das palavras para acontecer? Não faça isso consigo mesmo. Até porque a única saída de quem está apaixonado é viver a paixão. Ainda que você a vivesse abertamente, a família não deveria censurá-lo. Porque o amor rejuvenesce. Quem pode censurar o próximo por desejar o rejuvenescimento? Mas, se você acha que a família não suporta a verdade, recorra à clandestinidade.

Para sofrer o menos possível, é preciso aceitar o que acontece e encontrar um equilíbrio novo. A vida é uma história de equilibrismo, que pode ser mais ou menos longa em função da sorte e do talento de cada um. Só não anda na corda bamba quem já morreu.

Noutras palavras, não deixe de correr o risco de conquistar a sua amada. Para terminar, cito um poema de Manuel Bandeira, que morreu aos 80 e deve ter vivido o amor até o último dos seus dias: *Bem que velho te reclamo/ Bem que velho te desejo, quero e chamo.*

FANTASIA DE INCESTO NÃO É INCESTO

Tenho 18 anos e a mesma namorada há um ano e cinco meses. Ela tem 22 e, como eu, já conheceu outros parceiros. Temos problemas em relação a sexo. Ou melhor, quem tem é ela. Sempre foi muito apegada ao irmão mais velho, que, de uma hora para outra, sumiu. Perderam o contato. A partir daí, ela procura esse irmão nos namorados.

O sexo comigo vai bem, até que haja uma briga feia. Daí, se torna impossível. Ela diz que se sente mal e me rejeita. Alega que é inaceitável sentir tesão por alguém que ela toma pelo irmão e não quer conversar sobre o assunto. Amo minha namorada e sinto falta de fazer amor com ela. Sexo é importante no relacionamento. Por favor, me responda.

Por que o irmão sumiu? Para escapar a uma relação que poderia ter se tornado incestuosa? Seja como for, é preciso diferenciar o incesto — que é inaceitável — da fantasia de incesto — que é comum. A lei da proibição do incesto é a lei básica da civilização. Mas lei que proíba a fantasia de incesto não existe. O fato de a sua namorada te confundir com o irmão dela não é problema. Por isso você não se importa com o fato.

Quem ama aceita o imaginário do amado. Quer o amado como ele é, e não como deveria ser. Aceita passar por outro. O amor do simulacro é tão antigo quanto o amor.

O verdadeiro problema entre vocês é a briga. Ela torna o sexo impossível quando o sexo não está dissociado do amor. Quando se trata de "fazer amor", como você escreveu. Brigando, você não chega a nada. Que tal desistir de "conversar sobre o assunto" e falar de amor?

Ou seja, entrar em sintonia com a namorada e procurar o acordo acima de tudo? Acima do sexo, que tanto pode perpetuar um relacionamento quanto acabar com ele. Aos 18 anos, não é fácil adiar, mas é nessa idade que o aprendizado da paciência pode começar. Sem ela, não há felicidade.

NINGUÉM ESCOLHE PREFERÊNCIA SEXUAL

Sempre soube que sou gay, mas nunca aceitei isso e lutava contra mim mesmo. Só agora, aos 31 anos, descobri que nessa luta não há vencedor. Já saí com rapazes, porém quando o relacionamento podia virar namoro eu caía fora, terminava. Medo de que a situação escape ao meu controle.

Cheguei ao absurdo de ir a um puteiro para me convencer de que não sou gay. Fui para o exterior, numa tentativa frustrada de fugir de mim mesmo. Depois, comprei um apartamento, acreditando que, se me tornasse independente da minha mãe, que é católica praticante, teria mais liberdade. Mas ainda não me mudei para lá, porque não estou preparado para viver sozinho. Invento mil desculpas para não ir.

Vivo brigando com o meu inconsciente, a ponto de somatizar. Tenho dores de cabeça. Parece que um outro "eu" quer sair de dentro de mim. O tempo passa e eu não estou vivendo... estou morrendo aos poucos.

Você não duvida da sua homossexualidade, mas não se entrega a ela. Quer se tornar independente da mãe, mas não consegue. Está num beco sem saída e corre o risco de continuar nele se o "eu" a que você se refere não for escutado. Procure um analista. O inconsciente é como a esfinge, que diz: "Decifra-me ou te devoro". Precisa ser decifrado.

Conhecendo-se melhor, você descobrirá um modo de lidar com a sua sexualidade e com a sua mãe, católica praticante. Saindo enfim de casa e vivendo o amor à distância dela. Ou mesmo dizendo à sua mãe que a igreja faz o elogio da vida, porém condena o homossexualismo e esta condenação tem consequências graves. Pois ninguém escolhe a sua preferência sexual e a renúncia ao sexo pode ser fatal.

A sua última frase "estou morrendo aos poucos" é verdadeira. Porque viver sem vibrar não é viver. Agarra a tua hora. Não perca mais nenhum minuto, pois o tempo é o maior dos bens. A velocidade é a única maneira de combater a rapidez do tempo que passa.

QUEM AMA RESPEITA

Tenho 29 anos e nunca me relacionei com ninguém. Sou deficiente física e me sinto inferior por causa disso. Já surgiram alguns homens, mas, de medo de não corresponder às expectativas deles, nunca me envolvi. Ao contrário, sempre os afastei...

Como em breve eu faço 30 anos, já começo a me acostumar com a ideia de que vou morrer sozinha. O que devo fazer para isso não acontecer?

A deficiência física é uma limitação, só que você pode tirar partido dela, descobrindo com o parceiro a sua maneira de se relacionar. A cena de amor mais intensa que eu já presenciei foi entre dois paraplégicos, um homem e uma mulher que tentavam e não conseguiam se beijar, porém fizeram dessa tentativa uma forma de expressar a sua paixão.

Não deve ter acontecido por acaso em Greenwich Village, bairro de Nova York onde viveram grandes poetas, entre os quais Allen Ginsberg, que se opôs veementemente ao materialismo americano, insistindo na fidelidade a si mesmo. Foi numa rua deserta desse bairro, onde o espírito do poeta está e estará sempre presente, que eu presenciei a cena.

Passava casualmente pela rua de prédios de tijolo vermelho, ladeada de árvores, quando vi o homem e a mulher, nas suas respectivas cadeiras de rodas, sentados lado a lado. Ele procurava infindavelmente os lábios dela. Sua cabeça de repente caía para logo de novo se levantar. O que contava para os dois não era a impossibilidade de realizar o desejo, e sim a possibilidade de sustentá-lo incansavelmente. Dois deficientes que eram dois deuses do amor. Com a sua tentativa frustrada, eles suspendiam o tempo e faziam a eternidade soar.

O amado é objeto de respeito e de pena. O amante o quer pelo que ele não tem e ainda pelo que lhe falta. Não sendo assim, não é amor — e o que importa verdadeiramente é o amor. Você não vai morrer sozinha se conseguir sair da posição em que está, ou seja, de quem considera que a deficiência é sinônimo de inferioridade e os outros são perfeitos. Se levar em conta aquele provérbio que diz: "A perfeição não é deste mundo".

Ademais, você tem apenas 29 anos. Falta um para 30, a idade da mulher que Balzac cantou. Por ser a idade em que a mulher desabrocha, recusa a condição de objeto e reivindica a de sujeito. O que conta não são mais as frustrações do passado e o medo do futuro, e sim o desejo de realização. Sendo jovem, a mulher já é madura e dispõe de todos os recursos de que precisa para se realizar. Você já é quase uma balzaquiana. A hora é sua. Aproveite. Mesmo porque, salvo acidente, ainda falta muito para morrer.

QUEM
CASA
QUER
COINCIDIR

Tenho 30 anos e meu namorado, 36. Nenhum de nós se casou ou teve filhos. Entre términos e recomeços, estamos juntos há quase seis anos. Sou superliberal. Não sei o que é limite na relação sexual entre nós dois. Participo de todas as fantasias do meu parceiro, mas estou desesperada, porque ele me convidou para ir a uma casa de swing.

Ele não é fiel, mas eu sou. Não me sinto atraída por outro homem, não traio. Sou mulher para casar e ter filhos. O meu namorado não poderia querer me colocar nessa roda. Eu jamais aceitaria trocar, ver outra com ele ou ficar com outro na sua frente.

Nós estávamos vivendo um período de muito carinho quando ele me fez a proposta. Não foi a primeira vez, porém agora foi sério. Rompi no mesmo dia. Me parece óbvio que ele não gosta de mim. Você concorda?

A fantasia dele que você aceita é a que você acha que ele deva ter. E não a que ele tem de fato. O seu namorado quer viver uma experiência sexual que te desagrada. Ela é incompatível com o casamento que você deseja — casamento em que o marido até pode trair, porém não pode se exibir e nem expor a mulher.

Num ensaio de 1905, *Uma teoria sexual*, Freud diz que a ocultação do corpo, exigida pela civilização, desperta a curiosidade sexual, e é através do olhar que a excitação é mais frequentemente despertada. Querer mostrar e ver é normal, segundo ele. Só há perversão quando a contemplação se limita aos genitais. Só nesse caso o sujeito pode ser chamado de exibicionista ou *vouyeur*.

A sua posição é legítima. Só que a do namorado também é e ela se inscreve na tradição libertina, que é datada do século XVIII. O clube de *swing* da época era o bordel, frequentado em geral só pelos aristocratas franceses. A grande referência literária dessa tradição é *A filosofia na alcova* do Marquês de Sade. Trata-se da educação erótica para uma moça. Madame de Saint-Ange — que se vangloria de ter transado com 12 mil homens depois do seu casamento — inicia a jovem Eugénie nos segredos da carne com a colaboração do irmão e do maior dos libertinos, Dolmancé. O livro é extraordinário pela convicção com a qual o Marquês defende o direito de imaginar, fazer e dizer. Ninguém foi mais longe nesse sentido do que ele. Isso lhe custou quase 30 anos de prisões sucessivas por "devassidão" e, no fim da vida, sem estar louco, foi internado num hospício.

Você fez bem de se separar de um homem cujos princípios não são os seus. Casamento só dá certo quando há coincidência. Agora, também seria bom ler *A filosofia na alcova* para entender o imaginário do namorado, com quem, entre "términos e recomeços", você ficou quase seis anos.

Popularmente se diz que "vivendo se aprende". Na verdade, a pessoa só aprende se detendo no que viveu. Procure tirar da sua experiência um ensinamento válido para o futuro.

O AMADO
ACEITA O
QUE O
AMANTE
OFERECE

Tenho 40 anos e sou virgem. Nunca namorei ninguém, porque sou extremamente tímida. O drama é que eu quero namorar. Mas acho que o outro vai perceber a minha inexperiência e me rejeitar. O que eu faço? Não sei se conto a verdade ou se minto. Preciso de uma resposta.

Nunca recebi um e-mail tão curto e tão expressivo. Bastaram quatro linhas para você dizer quem é, qual o seu drama, qual a razão deste e o que você espera de mim. Um e-mail minimalista que captura imediatamente o leitor. Para escrevê-lo, é preciso saber escrever.

Ao ler o seu texto, me lembrei de um livro, *Escuta, Charlie Brown!*, de Sérgio Coelho, sobre a timidez. Ou melhor, sobre o privilégio da mesma. A palavra *privilégio* vem do latim *privelegiu*, que quer dizer lei privativa, regra criada em benefício de uma única pessoa. Segundo o autor, a timidez faz o tímido se sentir diferente dos outros e serve para ele não se expor a nenhum risco, preservar assim o seu amor-próprio.

É disso que se trata no seu caso, não é? Só que, para não se expor, você fica ilhada. Só vai sair da ilha e namorar quando entender que ninguém ama ou deixa de amar por causa da falta de experiência sexual do parceiro. O que falta ao amado não é motivo para o amante rejeitá-lo. Pelo contrário. Por amá-lo, o amante aceita que o amado lhe ofereça o que ele não tem.

Ser virgem aos 40 anos pode ser um trunfo. Corpo de menina e cabeça de mulher. A sua inexperiência pode te favorecer, desde que você não precise mais esconder a verdade. Desde que aceite a sua realidade de virgem, embora ela contrarie a moda.

O direito de não transar é tão importante quanto o de transar. Não foi para sermos obrigados a ter esta ou aquela conduta sexual que nós nos liberamos da repressão que vigorou até a "revolução sexual" dos anos 60.

A psicanalista francesa Catherine Millot, aliás, questiona a palavra *revolução* nesse contexto, dizendo que nós passamos da ideia de que as mulheres não tinham vocação para o gozo à de que tinham o dever de transar. Diz ainda que, nos anos 60, nós escapamos da repressão imposta às gerações anteriores, mas à custa de dizer *sim* a todas as propostas masculinas. Do contrário, éramos consideradas retrógradas. As mulheres tinham que dizer *sim* e os homens tinham que ter uma atividade sexual intensa. Millot compara a sexualidade aos partidos totalitários, que passam da interdição para o que é obrigatório.

Não se deixe tiranizar pelos imperativos da atualidade. Respeite a sua diferença. Só assim você poderá amar e ser amada.

O QUE IMPORTA É A QUALIDADE DO ENCONTRO

Tenho 40 anos. Fui casado durante 15 e estou separado há três. Me casei cedo para fugir do meu pai. Ele me prendia em casa e o nosso relacionamento não dava certo. Sou pai de dois filhos, uma menina de 16 e um menino de 9.

Sinto culpa por ter me separado, por ter "largado" os meus filhos. Temo que eles venham a ter algum problema no futuro por causa da minha ausência. Só que pela minha ex eu não sinto mais nada. O gênio dela é ruim. Não se dava bem com os meus familiares e exigia muito de mim. A minha válvula de escape, durante o casamento, eram as outras. Tive duas amantes e frequentei prostitutas. Mas, no fundo, não era o que eu queria.

Atualmente, moro com uma pessoa que me trata muito bem, mais do que mereço até. Porém, não é isso que eu quero. Se, por um lado, sinto falta dela, por outro, quero morar sozinho, sem compromisso com ninguém. O que fazer?

Você era solteiro, se casou para fugir do pai. Era casado, tinha outras mulheres para fugir da esposa. Vive com a amante, mas quer viver sozinho. O que me chama a atenção, nas três situações, é a repetição. Há uma razão inconsciente para agir sempre da mesma maneira. Você precisa descobrir essa razão. Na verdade, a pessoa só faz análise para deixar de se repetir. Vai para o divã e rememora para se livrar da repetição inconsciente e reinventar a existência.

Seja como for, o que te leva a passar de um lugar para outro na realidade é a impossibilidade de dizer *não*. Ou seja, de se deslocar com a palavra. No jargão psicanalítico, isso é "dificuldade de simbolização".

Você talvez não tenha que morar sozinho se for capaz de dizer *não* à companheira, colocar limites. Para tanto, é preciso entender que dizer *não* significa simplesmente que é impossível dizer *sim*. Nesse caso, dá para viver com outra pessoa e se isolar quando necessário.

Agora, nada impede que você mantenha o relacionamento e tenha uma residência separada. O encontro marcado é uma ótima solução. Ter duas residências é, aliás, uma tendência da modernidade, que, bem ou mal, significa maior liberdade.

Digo aqui, no fim da resposta, o que poderia ter dito no começo: separar-se não significa "largar" os filhos. Não é preciso morar no mesmo espaço físico para estar com eles. O que importa não é o número de vezes que você os vê, e sim a qualidade do encontro. Não é o *quanto*, mas o *como*. Pare de se culpabilizar e use a sua energia para imaginar formas novas de se relacionar com seus filhos.

O TRIÂNGULO PODE SER A SOLUÇÃO

Não sei como resumir a minha história, que daria um livro. Vou tentar ser o mais objetiva possível. Tenho 35 anos, sou casada e mãe de duas filhas. Amo meu marido, sou feliz com ele e não quero me separar. Só que reencontrei um amor de infância e nós acabamos na cama. Me perguntei se era só sexo que eu queria, mas percebi que não. Será possível ter o mesmo sentimento por duas pessoas diferentes?

Amo tudo no meu marido, que, além de bonito, tem uma inteligência acima da média e um ótimo coração. Também amo tudo no meu amante, suas ideias, a voz, o jeito de me namorar. Sofro muito, pois sei que estou sendo egoísta, mas não consigo abrir mão de nenhum dos dois.

Você pergunta se é possível amar dois homens ao mesmo tempo. Simone de Beauvoir diria que sim. Acrescentaria que é aberrante alguém esperar de uma única pessoa a satisfação de todos os seus desejos ao longo da vida inteira.

Beauvoir foi, na teoria e na prática, uma precursora. Escreveu *O segundo sexo*, cuja contribuição para o feminismo é inestimável. Este livro, de mais de mil páginas, traça a história das mulheres e mostra que a alienação delas é de ordem cultural. "Não é a inferioridade das mulheres que determina a sua insignificância histórica, é a sua insignificância histórica que as condena à inferioridade." Quando editado nos Estados Unidos, *O segundo sexo* vendeu 1 milhão de exemplares. Foi a partir dele que as feministas Betty Friedan e Kate Millett elaboraram a sua obra escrita.

Além de ter sido uma precursora no campo das ideias, a escritora francesa teve a audácia de viver publicamente o amor por dois homens, Sartre e Algren. De Sartre, ela foi inseparável durante meio século. Os dois evoluíram solidariamente. Há um diálogo contínuo entre os textos de um e de outro, entre suas vidas. Quem leu, não se esquece das últimas linhas de *A cerimônia do adeus*, escrito quando Sartre morreu. "Sua morte nos separa. Minha morte não nos reunirá. Assim é. Já é ótimo nós dois termos coincidido durante tanto tempo."

A relação com Sartre não a impediu de viver outra, diferente, com o escritor americano Nelson Algren, que ela chamava de "meu amigo, meu amante, meu bem-amado, meu marido adorado" e com quem manteve uma correspondência amorosa de 1947 a 1964, hoje publicada em livro. Vale a pena ler as cartas por se tratar de uma grande celebração do sentimento amoroso.

Beauvoir é uma referência e a experiência dela precisa ser levada a sério. Em vez de se culpabilizar, você, que ama dois homens e não tem como se separar de nenhum, devia aprender a se equilibrar no triângulo e ficar bem com esta solução.

MANTER SEGREDO É UM DIREITO

Dizem que eu tenho um problema de indefinição sexual. Transava com mulheres, era heterossexual. Aos 20 anos, comecei a sair com homens, era homossexual. No meio do caminho, me relacionei novamente com mulheres, era bissexual.

Quero manter a minha sexualidade oculta, porém acabo respondendo a contragosto ao desejo dos outros. Encarno o personagem que eles esperam de mim: o cara hétero, o cara homo, o que não pega ninguém.

Meus pais são liberais, mas me cobram uma posição sexual clara. Tenho medo do rótulo, das pressões que poderei sofrer por causa dele. Se disser que sou homossexual e depois me apaixonar por uma mulher, é complicado, vou ter que falar do meu passado, me explicar... Não sei o que sou, só sei que quero transar em segredo.

Para escapar às pressões sociais, você vive como quem entra em cena. Mas a vida não é o teatro — embora Shakespeare a tenha comparado a um teatro de loucos. No seu dia a dia, você não é um ator e o preço que você paga, agindo como se fosse, é alto. Para não dizer *não* aos outros, diz *não* a si mesmo. Vive contrariado, quando tem todo o direito de não falar da própria vida sexual. O que está em questão é a sua liberdade, que é um direito inalienável. Está escrito na *Declaração dos direitos do homem*.

No que diz respeito aos seus pais, eles não são liberais. Se fossem, não exigiriam de você uma definição impossível no atual momento da sua vida. Saberiam aceitar a possibilidade de transar com um homem, uma mulher ou com ninguém.

Mesmo porque a indefinição sexual pode ser um trunfo. Isso é patente na obra de Praxíteles, o escultor grego, que se eternizou por ter sido o primeiro a esculpir — no século IV a.C. — um corpo de mulher nu.

As esculturas de Praxíteles são sexualmente ambíguas. Afrodite de Cnide — cujo santuário se tornou um lugar de peregrinação durante toda a Antiguidade — exibe pernas de homem e parece ter uma força hercúlea. O Apolo é um adolescente que, pelo corpo filiforme, postura e cabelo, evoca uma mulher. Os dois são arrebatadores, precisamente por serem ambíguos. Porque nasceram prometidos ao erotismo, à flecha sagrada de Eros, que faz bem pouco da "definição sexual".

O seu desejo de se definir a partir do amor é absolutamente legítimo. Ademais, é a única saída quando a sexualidade depende do sentimento amoroso — como no seu caso. O problema é a dissociação entre o sexo e o sentimento que vigora nos tempos de hoje. A importância da pornografia é uma das provas disso.

O AMANTE VIVE SUA LIBERDADE COM O AMADO

Namoro há oito anos a mesma mulher — desde os 19. Ela é fantástica, uma mulher para casar. Uma coisa, no entanto, me aflige. Só tive experiência sexual com ela. Nunca a traí e não concordo em fazer isso com uma pessoa que não me dá motivos.

Os meus amigos saem e se divertem com várias mulheres — tendo ou não uma esposa ou namorada. Me dá vontade de fazer o mesmo. Porque desejo ter outras experiências e sinto medo de trair a esposa depois do casamento.

Estou vivendo um grande dilema. Não sei se devo largar a mulher da minha vida para curtir e correr o risco de me arrepender ou continuar com ela e dar umas "escapadinhas" até o casamento.

Você é vítima do espírito de imitação e da moral dos seus amigos. Acha, como eles, que para ser homem precisa "ter outras experiências" e, se não tiver, vai "trair a esposa depois do casamento". A moral dos seus amigos é machista e, portanto, arcaica. No contexto dela, o homem tem o dever e o direito de viver várias experiências, enquanto a mulher tem o dever de ser virgem até o casamento e fiel até a morte.

O machismo exige do homem a multiplicação das transas e da mulher, a contenção sexual. Com essas exigências, aprisiona os dois. E é por isso que a "escapadinha" se torna inevitável.

Entre os sinônimos da palavra *escapar* eu encontrei *livrar-se*. O homem que está com a mulher da sua vida, como você, não quer se livrar dela, pois realiza a sua liberdade com ela. Você, aliás, afirma no início do seu e-mail que não "concorda" em trair a sua namorada. Vocês estão há oito anos vivendo um amor em que a exclusividade é possível. Esse sentimento hoje existe, amanhã ninguém sabe, pois a exclusividade é a exigência ideal do amor. Só que a infidelidade é o cotidiano dos casais. A canoa do amor dificilmente resiste ao cotidiano.

Como diz Octavio Paz no meu livro de cabeceira, *A dupla chama*, "o amor é uma paixão que todos ou quase todos veneram, mas poucos vivem realmente". Paz inclusive o compara a um ascetismo, arte que permite submeter o corpo à alma, dominar os instintos através da renúncia a tudo o que não é importante. O asceta, como o alquimista, que extrai o ouro do chumbo, quer o essencial.

O amante quer o ouro do amor e não se entrega às experiências que o comprometem. Que tal bendizer a sua hora e vivê-la simplesmente? Diga *não* à moral dos seus amigos, que é contrária à sua realidade atual e só pode te desservir.

SEM AMOR NÃO HÁ PAZ

Sou casado há 21 anos e tenho duas filhas. A mais nova, de 12 anos, não tem as características da família. Todos perguntavam se ela era minha filha biológica. Eu desconfiava que não, mas agora confirmei que ela é fruto de um relacionamento da minha esposa com outro homem. De repente, a vida se tornou um inferno, entrei em depressão, foi como perder a minha caçulinha tão querida.

Sei que a minha esposa me ama. Sou louco por ela. Conversamos e ela também entrou em depressão por ter estragado a nossa história de amor. Nós choramos juntos. Não sei o que fazer, pois não estou preparado para viver sem ela. Não tivemos coragem de contar a nossa história a ninguém. Por favor, nos ajude a encontrar um caminho.

No mesmo dia em que recebi o seu e-mail, assisti a um concerto de *gospel*. Vestidos de lilás, os cantores entraram precedidos por uma solista inteiramente arrebatada pelo seu canto — murmúrios e vocalizações improvisados. Sua voz tomou de imediato o espaço e os corações. Tendo atravessado a nave e se posicionado no altar, os cantores a secundaram, transfigurando-se em anjos diante de nós. Era um canto cuja letra eu só entendi depois. Dizia que falamos de paz sem falar de amor. Quando não pode haver paz sem amor. Ouvindo o *gospel*, encontrei uma resposta para você.

Apesar de todas as dificuldades, você não se entregou ao ódio, privilegiou o amor. Portanto, tem como sair do impasse. Tendo mentido, sua esposa foi desleal e não pode ser desculpada; mas perdoada, pode. Quanto mais generoso você for, melhor será o seu futuro, o dela e o da caçulinha, que não deixou de sê-lo por não ter as suas características biológicas.

Segundo Deonísio da Silva, no latim culto, a palavra *perdão* é equivalente a *venia*. Daí a expressão jurídica *data venia*, que significa licença concedida. Você pode conceder uma licença à sua esposa, que é humana e está sujeita ao erro. Isso significa ser tão cúmplice dela quanto você é amigo. O fato de não ter contado nada a ninguém é, aliás, uma prova da sua cumplicidade e da sua inteligência.

Sem o perdão, a vida dos humanos é impossível. Nós somos transgressores natos e nem todos conseguem respeitar limites. Não é por acaso que o perdão existe em todas as religiões (cristã, judaica, muçulmana...) e que, para proteger Maria Madalena, o Cristo disse aos fariseus: "Quem de vós não tiver pecado, atire a primeira pedra". Sua esposa errou. Graças a você, no entanto, ela pode se salvar e a sua vida será melhor assim. A sua e a da caçulinha.

O AMOR ILUMINA

Sou casada há quase 16 anos. Um casamento sólido e gostoso. Como me casei muito jovem, ainda sou bonita e atraente, assediada pelos homens. Até hoje, resisti a todos, mas agora estou completamente apaixonada por um colega de trabalho. O pior é que a paixão é recíproca.

Casado como eu e muito sério, nunca traiu. Estamos tentando nos conter, só que está cada vez mais difícil. Nós nos vemos todos os dias e a vontade de nos tocar é enlouquecedora. Vale a pena colocar em risco a minha paz e consumar de vez essa paixão? Por um lado, tenho pavor de perder a segurança; por outro, acho um desperdício deixar passar um sentimento como este. Porque é vida pura, resgatou em mim o brilho e uma alegria que há tempos eu não sentia. O que eu faço? Será possível experimentar essa paixão e continuar vivendo a paz no meu casamento?

A referência à alegria e ao brilho me certifica de que você ama. O amor alegra mesmo e faz brilhar. Julieta afirma que Romeu brilha mais do que o céu e diz convictamente: "Noite da testa negra, me dá o meu Romeu. E, quando ele estiver morto, corta-o em estrelinhas. Com ele, a face do céu será tão esplêndida que o universo inteiro deixará de cultuar o sol e se apaixonará por você". Diante do amado, o amante não sabe da sombra. Vê as cores e a luz. Com isso, ele se alegra continuamente. A expressão *amizade colorida* faz sentido, porque o amor faz ver o arco-íris.

O futuro do amor, no entanto, é incerto. Por isso, Vinicius de Moraes escreveu: "Que seja infinito enquanto dure". Mas o futuro do casamento também é. E, seja como for, a paz você já perdeu. Vive enlouquecida pelo desejo que o colega desperta. O que resta senão "consumar a paixão" e depois ver como fica? Ou seja, ver se vai vivê-la clandestina ou abertamente. Se vai continuar casada ou se divorciar. Todas essas possibilidades hoje existem.

Pela paixão, você vai pagar um preço, claro. Só que há circunstâncias na vida em que não é possível evitar a paixão. Se fosse, a tragédia amorosa não existiria. Nem Julieta, nem Romeu, nem Isolda, nem Tristão... E, por outro lado, o sentimento amoroso pode levar ao céu.

O que não tem remédio, remediado está. Se você aceitar os fatos, saberá lidar melhor com o colega e com o marido. Sobretudo porque o amor torna inteligente. Inspirou Camões, Dante e os outros que nós continuamos a ler e a cultuar. Ninguém se esquece do verso camoniano sobre o amor — "contentamento descontente" — ou do verso de Dante — "... move o sol e as estrelas".

A MORTE PODE NOS GUIAR

Conheci um rapaz com quem eu me relacionei sem transar. Ele não queria maior compromisso. Um dia me apresentou o irmão, que eu namorei durante três anos. Até que este morreu de acidente de moto. Dois meses depois do acidente, o irmão vivo se declarou, dizendo que gostava de mim. Ficamos juntos e eu tenho um bebê de 1 ano.

Não sei se gosto do pai do meu filho, pois nunca pensei nele quando namorava o irmão morto. Tinha tesão, é bem verdade, mas era só. Nossa história sempre foi confusa.

Não assumimos o nosso relacionamento até o dia em que engravidei. Durante a gravidez, ele ficou noivo e me deixou sozinha. Daí, quando eu dei à luz, se aproximou de novo. Estamos tentando nos relacionar. Porém, não sei se vejo nele o homem da minha vida ou se vejo nele o irmão que morreu.

Você quer um parceiro que seja o homem da sua vida. Só que, desde que conheceu os dois irmãos, está envolvida com dois homens. Foi o irmão vivo que te apresentou ao irmão morto. Quando namorava este, tinha atração por aquele. Agora, se pergunta qual dos dois realmente ama. Se acaso está com o vivo por ver nele o morto.

Nos três momentos, você esteve numa situação triangular e não há mal nisso. Só que não te convém. Você talvez esteja no triângulo por desejar o impossível. Por que é assim eu não sei. Só dá para saber através de uma análise da sua história.

Agora, quer você consiga viver com o atual companheiro, quer não, é bom não esquecer que ele é o pai do seu filho e você deve ter com ele uma relação que não impeça o menino de ter um pai. Do contrário, o prejudica e acaba sofrendo com isso.

A palavra *filho* é sinônimo de responsabilidade. E, como "filho de peixe é peixinho", quando os pais não são responsáveis, os filhos em geral também não são. Ficam sujeitos à falta de limite em relação a si mesmos e aos outros. Não sabem o que é a prudência e vivem expostos ao acidente. Podem se deixar tentar pelo crime.

Você perdeu o namorado num acidente de moto. Pode tirar dessa experiência trágica um ensinamento fundamental e se tornar tão responsável em relação ao seu filho quanto ele precisa para se desenvolver amando a própria vida. A morte pode nos guiar. Quem a tem em mente, aprende a cuidar dos outros e de si.

Como diz Sêneca nas *Cartas a Lucílio*, a sua obra-prima, citada 300 vezes por Montaigne nos *Ensaios*, "cada dia, cada hora nos mostra o nada que nós somos e nos lembra, por alguma prova nova, a nossa fragilidade esquecida".

O AMANTE NÃO CENSURA O AMADO

Sou sensual. Chamo a atenção dos homens naturalmente. No entanto, sempre que a vida me presenteia com uma coincidência amorosa, tenho a impressão de que os homens ficam com medo e sabotam o que poderia vir a ser uma bonita história de amor.

Minha antiga psicóloga me dizia para disfarçar que os homens são medrosos. Mas como?

Não sou adepta do sofrimento e não tenho dificuldade de me separar. Só que eu me digo que deve haver outra maneira de superar o medo.

O seu e-mail me chamou a atenção, mas tive que reler mais de uma vez para saber qual é a sua questão. Porque você não se expressa claramente. Não há como saber, por exemplo, ao que você se refere quando usa a expressão *coincidência amorosa*. A uma transa, a um namoro, ao quê? Será mesmo que são "os homens" que têm medo ou será que é você? O que me permite formular essa hipótese é o modo como você me escreveu, disfarçando a sua questão, que é a de amar e ser amada, e não apenas desejada.

Sua psicóloga deve ser muito antiga, porque o tempo em que a mulher era aconselhada a disfarçar já vai longe. Trata-se de um conselho contrário ao desejo feminino que a "revolução sexual" liberou, dando enfim ao gozo das mulheres a mesma legitimidade que ao gozo dos homens.

Só o que faltava agora era voltar atrás no tempo e abrir mão da conquista dos anos 60 — a de dispor livremente do próprio corpo e da própria sexualidade. Tão livremente que *A vida sexual de Catherine M.*, da crítica de arte francesa

Catherine Millet, foi um verdadeiro sucesso de crítica e de público. Apoiando-se num trabalho de introspecção rigoroso, Catherine Millet conta a experiência, que ela desejava e viveu, de se entregar aos homens na presença do marido, do seu olho cúmplice e *voyeur*. Tantos homens que ela perdeu a conta. "Hoje, posso contabilizar 49 homens cujo sexo penetrou o meu e aos quais eu posso atribuir um nome ou, pelo menos, uma identidade. Mas sou incapaz de contar os que se confundem no anonimato." Foi preciso, segundo Millet, ter uma atividade sexual sem limites, esquecer de si mesma, a ponto de se confundir com o outro, para que o seu corpo se tornasse tão capaz de receber quanto de dar.

Menciono este livro porque a audácia da autora é exemplar e pode servir para liberar as mulheres que ainda acreditam na necessidade de disfarçar o próprio desejo de serem desejadas ou amadas. Essa crença é tão contrária à igualdade dos sexos quanto ao amor. O amante não censura o desejo do amado, que ele antes procura satisfazer. O amor pode ser pudico, mas a censura ele não concebe.

SEPARAR-SE NÃO É ROMPER

Sou casado há 17 anos e pai de três filhos. Há dois anos, conheci uma mulher casada e com duas filhas. Amo-a loucamente e ela me ama, mas também ama o marido.

Acontece que, há cinco meses, eu me separei da minha esposa, que já não corresponde ao meu ideal. Abri mão do meu lar e da convivência diária com meus filhos. Me separei por amor à minha amante, na esperança de que ela fizesse o mesmo. Uma esperança vã. Ela me diz que não vai se separar só porque me separei. Diz que o fará no tempo dela e a seu modo.

A minha posição nessa história me maltrata e me humilha. Sinto ciúmes dela com o marido e peno, imaginando que ela pode ter outros. Tomei a decisão de acabar tudo definitivamente, mesmo que sofra demais. Será que é a decisão certa ou será que eu preciso aprender a me manter em equilíbrio no triângulo?

A posição da sua amante e a sua são completamente diferentes, embora vocês dois sejam casados e tenham filhos. Ela ama o marido, você não ama a sua esposa, que não corresponde ao seu ideal. Ela pode ter dois homens e continuar no triângulo. Você não suporta isso, o ciúme te corrói. Vocês dois têm razão e nenhum pode ser julgado, só que o acordo — o que de fato interessa — não existe. Assim sendo, faz sentido acabar tudo.

Há quem possa se equilibrar no triângulo, como uma das consulentes a quem eu respondi — na coluna cujo título era "Triângulo amoroso". Mas, quando há ciúme, o equilíbrio é impossível. Pois, como diz Shakespeare, numa de suas tragédias, *Otelo*, "os corações ciumentos não o são sempre por um motivo real; são ciumentos por serem ciumentos". O ciúme é "um monstro que se autoengendra, ele nasce de si mesmo".

Você quer a mulher amada, ou supostamente amada, só para você. Digo *supostamente* porque você não a ama pelo que ela é, e sim pelo que deveria ser: uma mulher capaz de largar tudo por você já, satisfazer a sua urgência. O seu desejo, no entanto, não é o dela, e, no amor, o que mais importa é a coincidência.

Você se separou da sua esposa e a história com a amante não está dando certo ou não tão certo quanto você queria. Isso é menos grave do que parece. Primeiro, porque a vida muda — aliás, não para de mudar. O cenário da sua existência pode ser diferente amanhã. Segundo, você tem três filhos e talvez a relação com a mãe deles por reconstruir. Separação não significa ruptura — sobretudo quando há filhos, como no seu caso. Nenhum pediu para nascer e nenhum merece a ruptura entre os pais.

O QUE SEPARA AS PESSOAS É O PRECONCEITO

Casei com um homem generoso e dedicado. Mas casei por carinho, e não por amor. Ficamos 22 anos juntos e tivemos dois filhos com os quais ele sempre foi amoroso. Eles hoje têm 30 e 27 anos. Ambos estão casados e têm filhos. Em 1994, resolvi me separar e assumir a minha homossexualidade. Vivo há 13 anos com uma mulher linda. Minhas irmãs adoraram minha decisão e me apoiam, os amigos não entendem, mas aceitam. Já os filhos!

Quando resolvi me assumir, saí da cidade onde morávamos, dizendo que queria me separar e fazer mestrado. Ao saberem da verdade, eles ficaram dois anos sem falar comigo. Largaram a faculdade e se desorganizaram em todos os segmentos da vida. Hoje, eles me aceitam, mas convivemos pouco. Quando me visitam, a minha companheira sai de casa. Fiquei com uma culpa enorme. Atribuo tudo o que acontece de ruim com eles à minha atitude. Apesar dos momentos bons, sinto vontade de morrer, me sinto sem lugar.

Recebi o seu e-mail e engavetei. O que posso dizer para uma consulente que abriu mão de ser mãe para viver a sua homossexualidade? Que não ousou dizer a verdade para os filhos e se deixou flagrar por eles? Que até hoje os recebe na ausência da companheira? Fiquei de mãos atadas, com o seu e-mail na cabeça, durante três semanas, até entender o que significa "me sinto sem lugar".

Acho que você está sem lugar na relação com os filhos. Está e vai ficar, enquanto não disser a eles o quão impossível era contar que você amava uma mulher e por isso precisava se separar de um marido "generoso e dedicado". Um marido que também era um pai "amoroso". Enquanto não tiver a coragem de expor o seu sofrimento e ousar a sinceridade. Para tanto, precisará se assumir verdadeiramente. Porque se mandar com a amante não é se assumir. Não é aceitar a própria maneira de ser e sustentar que uma homossexual tem o direito de ser mãe e avó, que ama os filhos e os netos. Que a família pode se perpetuar com ela, porque não é o homossexualismo que separa as pessoas, mas o preconceito.

Ou seja, você precisa morrer para a vergonha de si mesma e renascer de outra maneira. Embora distantes, os filhos estão na sua vida. Por que não expor o drama e tentar ganhá-los com as palavras? Com a verdade, que é um recurso poderoso? Se não for possível ganhar, você ao menos tentou, fez o necessário. No que diz respeito à culpa, ela traz infelicidade e só serve para satisfazer o seu gozo masoquista, um gozo do qual já está mais do que em tempo de se curar. Pois, queira ou não, você já é avó.

A SEXUALIDADE HUMANA É VARIADA

Sou solteira e tenho 45 anos. Comecei a me relacionar com um homem também solteiro, da mesma idade e muito bem-sucedido. Dono da sua empresa.

Mas ele quer ser submisso a mim. Devo proibi-lo de falar com outras mulheres. No entanto, posso e devo sair com outros desde que eu conte tudo em detalhes, porque o relato o excita. Que tipo de problema ou trauma está por trás disso? Será que é assim por ele estar acostumado a mandar em todo mundo e querer viver a experiência de ser mandado?

Que risco eu corro ao me envolver com ele? Se hoje, no início do relacionamento, ele me pede para sair com outros, mais adiante vai pedir para fazer sexo na frente dele!

Não sei e não posso saber qual é o problema do seu amante. Só sei o que diz respeito a você, que é a autora do e-mail. Escreve "ele quer ser submisso". Logo depois, no entanto, eu leio "devo proibi-lo de falar com outras" e "devo sair com outros". Submissa é você, que deve fazer isso e mais aquilo, segundo a determinação dele. Você que aceita ser objeto do desejo dele como a personagem do livro célebre *História de O.*

Escrito por Pauline Réage e publicado em 1955, o romance teve grande impacto por causa da permissividade absoluta de *O*, uma das personagens mais enigmáticas da literatura. Fascinou 1 milhão de leitores e os críticos têm os pontos de vista mais diferentes em relação a ela.

O aceita todas as humilhações que René, o amante, impõe. Se deixar acorrentar e algemar. Sentar nua de pernas abertas e repetir cabisbaixa *eu te amo*. Permanecer de joelhos afastados. Acariciar os mamilos enquanto ele derruba no rego dos seios a cinza quente do cigarro. Deslizar a mão até o púbis e exibir o botão. Se ajoelhar, ficar de quatro e se deixar violar. E assim por diante, até se entregar diante dele a um outro que ela não deseja, considerando que é uma honra ser tratada assim, ser aviltada.

Em vez de se perguntar o que explica a conduta do seu amante, por que você não se pergunta o que te leva a se envolver com um homem cujo gozo depende inteiramente do mando? Quem depende da obediência alheia para se excitar não dá e não tem liberdade. Nesse contexto, a experiência sexual acaba se tornando monótona — quando ela poderia se renovar continuamente.

A PALAVRA TERAPIA PODE SER VAZIA

Tenho 32 anos e vivi vários relacionamentos. Mas nenhum durou, porque não sinto prazer com quem amo. Só com os colegas ou com homens desconhecidos. O meu dilema é esse. Já amei diversas pessoas que me amaram perdidamente. Transformei todas essas relações em relações amistosas. Isso dói! Quinze anos de terapia não me fizeram mudar. Será que sempre farei sexo sem amor? Nunca terei o direito de viver uma relação inteira, ou seja, de amor, companheirismo e sexo?

A dissociação do amor e do sexo é comum entre os homens. Mais rara entre as mulheres, que, em geral, não prescindem do amor para transar. Don Juan sabe disso. Vale-se do desejo feminino do amor para cativar as suas "belas". Assim, logo na primeira cena da peça que o tornou célebre, *O burlador de Sevilha e o convidado de pedra*, de Tirso de Molina, Don Juan, que pretende seduzir uma duquesa, troca a sua roupa pela do noivo dela. Só depois entra no quarto da futura presa. Ou seja, usa o amor, porém faz pouco dele. Só se interessa pelo prazer, que é a única lei do seu desejo — como no caso de todos os perversos.

À diferença deste personagem ilustre, criado por Tirso de Molina e retomado por Molière, você valoriza tanto o amor quanto o sexo e vive a disjunção entre eles como um dilema a ser superado. Conta que 15 anos de terapia não propiciaram a superação.

Não fosse a sua última pergunta — "Nunca terei o direito de viver uma relação inteira, ou seja, de amor, companheirismo e sexo?"—, eu não saberia o que dizer. Mas há nela uma expressão que é uma pista: *ter o direito*. Você só pergunta se terá ou não o direito, porque, por uma razão inconsciente, está proibida de juntar amor e sexo. Ou seja, está sujeita a um imperativo que precisa ser decifrado para você se liberar. Tem que descobrir a quem e a que desejo você obedece inconscientemente. Isso é possível, depende de você e de quem escuta.

Que tal procurar logo alguém que possa de fato ajudar? Ou seja, que só te receba para fazer o trabalho que precisa ser feito, e não para favorecer a sua resistência à mudança? A palavra *terapia* pode ser uma palavra vazia. Como o amor na boca de Don Juan. Quero dizer que há terapeutas e terapeutas.

QUEM TEME A PERDA JÁ PERDEU

Tenho 42 anos e sofro diariamente por causa do medo de perder as pessoas das quais gosto. Elas estão comigo, mas é como se eu vivesse no futuro e elas estivessem doentes ou mortas. Não consigo viver no presente e sentir alegria com a presença delas. Só esqueço o medo quando durmo. Quando abro os olhos, ele volta.

Meu marido diz que é falta do que fazer, só que eu não sou uma pessoa desocupada. Estou pensando em tomar tranquilizantes. O que você acha?

Por não suportar a perda, você sofre diariamente. O seu e-mail exemplifica o que o Buda diz. Para ele, o sofrimento é decorrente do apego e só é possível se livrar dele pela supressão do desejo, o que implica "conhecimento e pensamento certos, linguagem, ação, existência, esforço, atenção e meditação adequados". Ou seja, uma existência de asceta. O Buda viveu no século VI a.C., um século de filósofos, pois Confúcio, Lao Tse, Pitágoras e Heráclito foram seus contemporâneos.

No primeiro século d.C., viveu Sêneca, escritor e filósofo romano, que parece ter escrito o que segue pensando em você: "Não há maior calamidade do que uma alma preocupada com o futuro, infeliz antes da infelicidade e permanentemente angustiada diante da ideia de não poder conservar até o fim o que ela ama". Porque "nunca saberá do repouso e, na esperança do futuro, perderá o presente de que poderia gozar". Perder uma coisa, segundo ele, ou temer a perda dá no mesmo.

O caminho indicado pelo Buda — também chamado de via óctupla — é para os ascetas. Sêneca é um diretor de consciência e o drama que te aflige tem uma razão inconsciente. Requer o saber do Doutor Freud, que inaugurou um campo novo com o conceito de inconsciente. Um conceito cuja necessidade ele justificou mais de uma vez, por saber que nos infligia uma ferida narcísica.

Você precisa descobrir por que vive continuamente com as pessoas presentes como se elas estivessem doentes ou mortas. Ou seja, tendo perdido o que ainda não perdeu. Há com certeza uma razão para isso, que só o trabalho analítico pode revelar. Nada substitui a fala do analisando e a escuta do analista. O tranquilizante tranquiliza, porém não acaba com a ideia que atormenta. Melhor fazer análise. Custa mais caro. Só que é sempre melhor pagar com dinheiro do que com a própria vida. Dinheiro a gente ganha de novo. A vida é uma só.

O PAI QUE SE DEIXA EDUCAR PELO FILHO ENSINA A ESCUTAR

Tenho 30 anos e sou a primogênita de quatro irmãos. Somos todos apaixonados pela minha mãe, que procura ser amiga, companheira e conselheira. Já pelo meu pai, eu não consigo ter admiração ou respeito. Não me sinto nada bem com isso.

Até os 5 anos de idade, eu idolatrava meu pai. Mas, de repente, ele se tornou áspero e violento. Hoje, com 63 anos, continua assim. Não o agrido e nem bato de frente com ele, como meus irmãos. Trato com educação.

Sei que não posso amá-lo como amo minha mãe, porém gostaria de não ter um sentimento de mágoa, repulsa e raiva em relação ao homem que figura na minha certidão de nascimento como pai.

Nós somos educados para amar o pai e a mãe incondicionalmente. Por isso mesmo, eles se dão o direito de abusar. Um pai áspero e violento faz tudo para não ser amado e já é ótimo você não bater de frente, tratar com educação. Da mágoa, da repulsa e da raiva você se livra quando se der conta de que a aspereza e a violência não têm nada a ver com você. De que seu pai é assim por razões que dizem respeito a ele, embora você sofra as consequências.

A vida não é como a gente gostaria que fosse, e sim como ela é. Nós sofremos por não aceitar a realidade. Não é possível ser feliz sem ser resignado. Todas as religiões ensinam isso e, por este ensinamento, todas são boas.

A resignação no seu caso será uma conquista, porque você vive no culto da paixão do amor e do ódio. Assim, ou bem diz que é apaixonada pela mãe ou que idolatrava o pai ou que tem raiva dele. Você vive na cultura da paixão, como aliás o seu pai, que se entrega à violência. Entre você e ele existe uma relação especular, embora você seja educada e ele, não. O fato é que você tem um caminho a percorrer para se livrar da cultura da sua infância.

O problema da família é acreditar que, no contexto dela, tudo é permitido, quando obviamente não pode ser. Na falta de limites, o ambiente familiar se torna nefasto. Esse foi um dos temas da Antipsiquiatria, que desabrochou nos anos 70 e teve como principais expoentes Ronald Laing e David Cooper. *Morte da família*, de Cooper, é um livro que vale a pena reler, ainda que seja porque nele o autor pergunta: "Quando os pais vão se deixar educar pelos filhos?". A pergunta encerra um projeto que, por si só, justifica o movimento da Antipsiquiatria. Porque o pai que se deixa educar pelo filho ensina a escuta e a paz.

SEXO NÃO É QUESTÃO DE MODA

Sou católica tradicional e fui educada para não fazer sexo antes de casar. Isso me inibe e me atrapalha nos meus relacionamentos. Hoje em dia, os homens não aceitam namorar sem sexo.

O mais fácil seria me envolver com homens religiosos, mas não posso mandar nos meus sentimentos. Às vezes, me surpreendo gostando de um homem que não tem ligação nenhuma com a minha religião.

Tenho 24 anos e nunca tive um namoro duradouro por causa do medo de ser abandonada. Desejo amar e ser amada e constituir uma família. Peço ajuda porque estou num impasse. A situação atual me faz sofrer.

O seu e-mail me deixou com a pulga atrás da orelha. Porque mostra o quão arcaica a educação católica tradicional é, mas também o quão autoritária é a moda, que não concebe o namoro sem a relação sexual. Obriga a transar. Ora, sexo só é bom quando não há obrigação. Sexo livre também significa livre dos imperativos da moda. Esta deve ser a enésima vez que eu escrevo isso e provavelmente vou continuar escrevendo.

Agora, o que faz uma pessoa que está dividida como você entre uma moral arcaica e uma moda tirânica? Precisa se debruçar sobre o próprio discurso para determinar qual o caminho a seguir. Por exemplo, você diz que a solução seria namorar um homem da mesma religião, porém também diz que não é dona dos próprios sentimentos e se envolve com quem nada tem a ver com a sua religião. Ora, isso só acontece porque você não está tão convicta de que a educação "católica tradicional" é a melhor. Do contrário, não amaria quem não adere a ela. Os amantes se espelham. Talvez não exista expressão mais clara disso do que *A flauta mágica*, de Mozart, que chamou seus dois amantes de Papagueno e Papaguena. O nome deles é o mesmo por causa do espelhamento.

Queira ou não, para sair do impasse, você tem que se questionar seriamente. Quer viver o amor que nunca foi um cordeirinho do bom pastor ou quer constituir família conforme os mandamentos da igreja? Noutras palavras, quer o amor, que é infinito enquanto dura e não dá garantias, ou quer uma vida sem esse risco, programada exclusivamente em função do casamento? Não tenho certeza de que esta segunda via seja a sua. Se fosse, você seria insensível à flauta mágica do amor. Simplesmente não a escutaria.

A PIOR PAIXÃO É A DA IGNORÂNCIA

Você talvez possa me ajudar num problema que estou enfrentando atualmente. Tive um relacionamento casual com uma moça e ela teve um filho meu — gravidez não planejada. O garoto tem 2 anos. Assim que ele nasceu, na tentativa de formar uma família, fui morar com a mãe. Com o passar do tempo, percebi que estava infeliz e me separei. Hoje, moro como meus pais e me sinto bem.

Quando está comigo, meu filho fica alegre, feliz. Mas toda vez que eu levo o menino para a mãe, ele chora muito e se agarra em mim. Quando ela tira o menino dos meus braços, ele grita o meu nome e tenta escapar dos braços dela. Isso parte o meu coração e ela me diz que fica triste. Vejo a decepção no rosto dela. Acho que ela não o maltrata. Gostaria de descobrir por que o menino reage assim.

Li o seu e-mail e me lembrei do título de um conto que Mario de Andrade escreveu em 1926: "Piá não sofre?" Sofre, claro. *Piá* significa indiozinho ou caboclinho e o piá em questão sofria de fome. A ponto de comer terra — como muitas crianças brasileiras ainda hoje. Quase 100 anos depois.

O fato é que o seu filho está sofrendo. Talvez porque você não suporte se separar dele, como o seu texto indica: "Quando ela tira o menino dos meus braços, ele grita o meu nome e tenta escapar dos braços dela". Você não usou os verbos *tirar* e *escapar* casualmente. É como se a mãe o arrancasse de você, à semelhança do que a polícia faz quando prende alguém. Você vive o ato dela como um ato de violência. Há, decerto, mais de uma razão para este sentimento, mas uma delas é a falta de confiança na mãe, que pode ser deduzida da frase: "Acho que ela não o maltrata". A gente usa o verbo *achar* quando não tem certeza.

Enquanto você não resolver a sua situação com a mãe do seu filho, ele vai sofrer. Resolver significa o quê? Ter uma consciência nova da sua posição no triângulo infeliz que se formou. Saber por que você teve um filho indesejado, descobrir por que entrou nessa e assumir a responsabilidade pelos fatos. Depois, conversar com a mãe sobre a tentativa impossível de formar uma família e sobre a situação atual. Se você e a mãe souberem claramente onde e por que vocês tropeçaram, a situação pode mudar. Vocês estão separados hoje como estiveram juntos antes. Ou seja, sem uma consciência clara do que acontece.

Apesar de ter só 2 anos, o menino se dá conta disso. Só vai ficar bem quando a situação entre vocês e a posição de cada um em relação a ele for clara. A pior paixão é a da ignorância. Nós frequentemente sofremos por não querermos saber o que acontece — e o "não querer saber" é inclusive um conceito psicanalítico. Diz respeito ao modo como lidamos com o nosso inconsciente, a quão atentos ou surdos somos para ele. Quão recalcadas as suas manifestações ou quão bem acolhidas.

O FUTURO DEPENDE DO PRESENTE

Tenho 29 anos e, quando criança, um tio e um primo abusaram de mim. Tocavam o meu sexo e me faziam tocar o deles. Hoje, vivo angustiado. Sou cortejado pelas mulheres, só que não me interesso por nenhuma. Me sinto atraído por homens e isso me aborrece. Cheguei inclusive a gostar de alguns e tive medo de me relacionar, porque moro numa cidade do interior e sou bastante conhecido.

A bem da verdade, não sei o que quero. Penso em constituir família, porém tenho medo de trair a minha esposa com outro homem. Quando me masturbo, sinto nojo do meu ato e de sexo em geral. Atualmente, eu não saio e não me divirto. Vivo sozinho. Sinto muita falta de alguém, mas me pergunto: de quem? De uma mulher ou de um homem? Também não tenho muitos amigos. Vivo triste e solitário. Não sei o que fazer para melhorar a minha vida. Não tenho ninguém com quem possa desabafar. Me ajude a entender o que se passa.

Há certamente uma relação entre o abuso sexual de que você foi vítima na infância e a sua angústia presente, a atração por homens — de que você não gosta — e o nojo do sexo. O nojo é perfeitamente inteligível, pois a sua primeira experiência está associada à violência. À violência do seu tio e do seu primo contra você. Ambos mereciam ser punidos.

Seja como for, você continua preso a essa experiência negativa e o primeiro passo é dissociar sexo de abuso — para que você possa sair, se divertir e ter alguém na sua vida. Dissociar, por um lado, e, por outro, associar o sexo ao amor. Pois, como diz Nelson Rodrigues, o sexo sem amor é "a origem fatal" dos nossos males, das "doenças da carne e da alma, do câncer no seio às angústias sem controle". O segundo passo para se realizar é descobrir se é de um parceiro ou de uma parceira que você precisa. Isso é decisivo. E eu só desejo lembrar que não é dado a todo mundo constituir família, embora nós sejamos educados com isso em mente.

Até aí eu posso ir neste consultório sentimental. Mas, sem escutar o que mais você tem a dizer sobre o seu passado e o seu presente, eu não tenho como ir mais longe. Porque é o seu discurso que pode iluminar a sua vida. Um consultor que explicasse mais estaria abusando da sua posição. Para ajudar, eu devo aceitar os meus limites e sugerir que você procure um analista. Se, para isso, for necessário sair da cidade, saia. Mude para outra ou saia e volte para fazer análise. Até entender o que acontece e se reposicionar.

Este é o caminho, não tem outro. Você deixa claro no final do seu e-mail que precisa desabafar, sabe que precisa ser escutado. Tomara que você consiga se mexer, porque você hoje não vive. O passado nós não temos como mudar, porém o futuro depende do que nós fazemos do presente.

FIDELIDADE OBRIGATÓRIA NÃO É VIRTUDE

Há cinco meses, comecei a namorar uma garota e nós combinamos um relacionamento aberto, pois ela não queria deixar de sair com o ex ou algum outro. Topei por gostar dela e também para experimentar esse tipo de relação. Só que não gostei e terminei o namoro.

Mas ela quer continuar. Diz que deseja ficar somente comigo. Não acredito que o medo de me perder seja suficiente para ela abrir mão dos seus desejos. E nem acho justo. Se eu não consegui me sacrificar, por que ela deveria fazer um sacrifício? Foi apenas um triste desencontro. Será que eu estou errado de não confiar nela?

Você está certo de respeitar o seu sentimento e de seguir a sua intuição. Se não gostou do "relacionamento aberto", não tem por que continuar. Só mesmo se você fosse masoquista. Se não acreditou na possibilidade de a namorada ser fiel, é porque intuiu que a ex não tem vocação para isso. Até pode ficar somente com você, porém não ficará feliz. Viverá contrariada. Como diz Nelson Rodrigues, quando a fidelidade é obrigatória, ela é uma virtude vil. Nada é pior do que forçar a barra.

Verdade que o amor pode mudar uma pessoa e que a ex talvez tenha se apaixonado por você. Mas bom mesmo é encontrar a pessoa que não precisa mudar, a pessoa certa. Aquela que corresponde ao nosso ideal, é exatamente como a gente imagina que deveria ser. Ou é melhor ainda do que o ideal, uma pessoa que sequer ousamos imaginar. Por incrível que pareça, isso acontece.

Por outro lado, quem ama não se sacrifica. Ama simplesmente. No amor, o desejo de um é o do outro. Um realiza a sua liberdade apostando na liberdade do outro. Por isso, o amor é sinônimo de contentamento. Ainda que ele possa ser "um contentamento descontente", como escreveu Camões na sua lírica. Descontente porque até na presença do amado o amante pode dizer: "E estando me faltas". Este grande verso é de Neide Archanjo, poeta brasileira contemporânea.

O que você viveu não tem nada a ver com o sentimento amoroso, que ignora o projeto de relacionamento aberto ou fechado. Não nasce e não se sustenta em nenhum projeto que não seja o de viver o amor, sonhar acordado e bendizer a espera. O amante não contradiz o amado, que assim pode ser como ele é. Nada conta tanto para o amante quanto a coincidência e nada lhe é mais estranho do que a desavença. Ele não diz *eu quero*, diz *eu gostaria*. A delicadeza é a sua característica e a sua presença pode ser comparada à claridade. Faz ver um arco-íris, um céu como nenhum outro. Pela experiência única que propicia, o amor é eterno, nunca vai deixar de existir. Como o livro, que nenhuma versão digital pode substituir. Nada se equipara ao prazer do livro nas mãos, do dedo prendendo a página ou deslizando sobre a frase no papel. O livro, a gente dá e recebe. Às vezes, com uma dedicatória inesquecível, que faz dele um exemplar especial, único.

A VIDA PODE SER REINVENTADA SEMPRE

Quero saber se é verdade que a mulher projeta o pai no namorado ou no marido. Pode-se dizer que, se ela teve um pai ausente ou mau-caráter, vai atrair um homem com essas características, também ausente ou mau-caráter? E que, se teve um pai carinhoso, fiel, responsável, o homem de quem ela vai se aproximar será igualmente carinhoso, fiel, responsável? Em suma, preciso saber se as pessoas escolhem outras — digo parceiros(as) — de acordo com a imagem do pai ou da mãe que tiveram na família.

Se a resposta for positiva, o que é possível fazer para se livrar da experiência de um pai com péssimas qualidades e se ligar a um homem com boas qualidades, decente? Aguardo a sua resposta.

A mulher não existe. Cada uma é uma e, portanto, a história de uma é diferente da história da outra. Óbvio que tendemos a escolher o/a namorado/a ou o cônjuge em função do pai ou da mãe que tivemos. Isso acontece porque desejamos ser amados como fomos na infância. Ou seja, se fomos amados por pais violentos, tendemos a escolher parceiros violentos, e se os pais foram afáveis, tendemos a escolher parceiros semelhantes.

Mas uma tendência é apenas uma tendência. Nada impede um ser humano de subvertê-la e reinventar a sua vida. Ou seja, já não querer ser amado como foi e encontrar uma forma nova de amar. Para tanto, precisa deixar de ser objeto do desejo do outro (do pai ou da mãe) e se tornar sujeito do próprio desejo. Trata-se de uma verdadeira conquista e não acontece sem um trabalho consigo mesmo. A mudança de posição subjetiva é sempre difícil e, para mudar, há mais de um caminho. Eu privilegio o da cura analítica, porém sei que há outros.

Você está no caminho certo, porque, por vias tortas, ou seja, partindo de uma generalização relativa à mulher, você chegou à questão certa — a sua questão. Aprofunde-se nela para encontrar a resposta. A isso, vale acrescentar que, se você tivesse descrito o pai a que se refere, eu teria mais elementos para analisar a pergunta e ser mais concreta. O consultor depende de quem o consulta, como o analista depende do analisando. Quanto mais precisa a consulta for, quanto mais explícita, melhor o consultor se torna.

Como neste consultório existe a garantia do anonimato, não há por que temer o que quer que seja. E, além desta garantia explícita, existe outra: a de que eu nunca me valerei de nada do que for dito por um leitor contra ele. Se fizer isso, saio do meu papel. Fui treinada para não descarrilhar, para me valer do poder que o leitor me confere sem abusar dele. E uma das minhas funções aqui é precisamente lembrar que "nem tudo se pode", como diz a artista plástica Denise Milan. Com esta ideia na cabeça, a gente limita a barbárie e torna a vida em sociedade viável.

A FUNÇÃO PATERNA É DAR LIMITES

Tenho 33 anos e namoro há quatro. O namorado veio morar no meu apartamento e, como eu ganho mais, sempre fui a responsável pelo pagamento das contas. Ele ajuda com o que pode mensalmente. Alguns meses mais, outros menos. Nossa educação com relação a dinheiro é completamente diferente. Economizo e compro à vista. Ele compra tudo parcelado, mesmo sem saber se terá ou não condições de pagar.

Somos apaixonados e nos damos muito bem. Mas eu quero ter filhos e ele diz que não tem condições financeiras para isso. Não sei o que fazer, pois estou pronta para ser mãe. Será que vou ter que escolher entre o sonho de ser mãe e a vida com ele? Agradeço qualquer conselho, pois já pensei muito e não chego a nada.

O seu namorado ganha menos e ajuda mensalmente com o que pode. Portanto, em princípio, ele também é responsável pelo pagamento das contas da casa. Mas você considera que a responsável é você. Por quê?

Diz, no seu e-mail, que a sua educação e a dele são completamente diferentes no que tange a dinheiro. Você economiza e compra à vista, espera ter o necessário e gasta o que pode. Valoriza a contenção e o pagamento da dívida. Já ele compra a prazo, sem saber se terá ou não condições de arcar com o compromisso. Valoriza a satisfação imediata e não faz questão de pagar.

No seu lugar, eu pensaria duas vezes antes de ter um filho com o atual namorado. Porque a paternidade implica as características que você tem e ele não e, consequentemente, você corre o risco de ter que ser mãe e pai. Ademais, ele diz que não tem condições financeiras para ter um filho e, se você considerar que ele cria as condições quando quer — comprando a prazo, por exemplo —, deduzirá que ele simplesmente não quer o filho. Só não considerou e não deduziu por causa do desejo de ser mãe. Nós tendemos a não levar em conta a realidade quando ela nos contraria. Somos feitos assim. Daí a universalidade do Quixote, que tomava moinhos de vento por gigantes do mal para combatê-los. Ou tomava Dulcineia, uma campônia, por uma princesa, para reverenciá-la como uma grande dama. Tudo para se realizar como cavaleiro andante.

Você, que sabe se conter, deveria esperar o momento certo para engravidar. Um filho que não é desejado pelo pai e pela mãe já nasce com menos força para vingar. Quando cresce sem um pai efetivamente presente, pena para aceitar a lei, está mais exposto à tentação do crime. Porque a função paterna é dar limites.

CADA
CRIME
É UM

O ex-namorado de minha mãe foi um pai para mim. Quando fiquei cega, vendeu bens e deixou de dormir para cuidar dos meus olhos. Foi graças a ele que eu fiz um transplante e voltei a enxergar. Foi por seguir os seus conselhos que estou terminando a faculdade. Quando minha mãe e ele se separaram, há três anos, eu me afastei dele. A minha família é ela e o laço de sangue é forte. Mas eu me sinto culpada por ter abandonado uma pessoa que fez tanto por mim.

Depois da separação, ele matou um homem. Está preso há alguns meses e eu não consegui vê-lo no presídio. Não paro de pensar no seu sofrimento. Me digo que ele talvez não tivesse matado se eu estivesse por perto e que a culpa o corrói. Desde que descobri o crime e a prisão do meu "pai", tenho pesadelos. Vejo o homem ensanguentado e o meu "pai" sorrindo para mim como antigamente. Acordada, sonho com o inferno que ele está vivendo. Ele não sai do meu pensamento e isso está me destruindo.

Você precisa cair na real. Dormindo, você tem pesadelos. Acordada, sonha. Ou seja, está vivendo num mundo imaginário. Ainda que este mundo te faça sofrer, você está nele porque há nisso um grande gozo. O chamado "gozo masoquista", que é um capítulo importante da literatura psicanalítica e alimenta continuamente a literatura. Um bom exemplo é *O idiota*, de Dostoiévski. Trata-se nele de um triângulo à moda russa. Os três grandes personagens são masoquistas e têm a mesma sorte infeliz. Nastássia, Rogojin e o príncipe.

Para sair da posição sofrida em que você está, seria importante encontrar o seu "pai" — e você tem todo o direito a isso, porque foi salva por ele. Procure um advogado que te faça entrar na cadeia e vá escutar o que o homem tem a dizer sobre o próprio drama. Com isso, poderá entender por que um homem que foi tão bom se entregou à barbárie e praticou um crime. Vai cair na real e ajudar o "pai", se for o caso. Se não for, estará se ajudando. Acho que não há outra saída, tendo em vista os seus sentimentos.

Quanto à sua culpa, também ela tem relação com o masoquismo. Óbvio que ninguém mata ou deixa de matar porque alguém está ou não "por perto". Há mais de uma razão para o crime e cada crime é um. Vá saber o que aconteceu. O seu "pai" tanto pode ser responsável por um ato nefasto quanto pode ser inocente. Se, por exemplo, a razão do crime for inconsciente. Nesse caso, a defesa não é a mesma.

Há crimes praticados na maior inocência. Me lembro da história do delegado de polícia que mandou soltar os presos e no dia seguinte mandou prender o carcereiro. Abriu as portas da cadeia porque estava num "estado segundo", estado em que a consciência fica diminuída. O caso do delegado é de doença e precisa ser tratado. Quem garante que o do seu "pai" não seja?

A REPETIÇÃO É UMA ARMADILHA

Aprecio seu trabalho porque, sem apelar para jargões teóricos, você consegue dar luz a quem está com a alma doente.

Sou filha única. Quando tinha 4 anos, minha mãe começou a manifestar distúrbios psiquiátricos. Não duvido do amor dela por mim, mas, desde que nasci, ela rivaliza comigo por causa do meu pai. Depois que fiquei doente — fibromialgia — e tive que parar de trabalhar com horários certos, passo mais tempo em casa e a competição aumentou. Cada surto dela me deixa mais doente. Ela tem 68 anos e não vai mudar.

Tentei a terapia cognitiva comportamental por um ano. Detestei. Me senti como um rato do Pavlov. Fiz psicanálise por muito tempo, mas na época errada. Me deprimi ainda mais.

Já melhorei muito da fibromialgia, que, no meu caso, é grave. Cheguei a tomar morfina por um período. Gostaria de uma palavra sua, para não continuar caindo na armadilha emocional que minha mãe monta. Inclusive porque sou deprimida e já tentei me matar três vezes. Nunca quis ter filhos ou me casar, com medo de que a história familiar se repita.

O seu caso é de vida ou morte. Ou sai da situação em que se encontra ou não tem como viver. Mas, ao se referir a esta situação, você usa a palavra *jogo*. Por razões inconscientes, você e sua mãe rivalizam e se entregam ao jogo perverso da exclusão. Ou ela ou eu. Em vez de ela e eu, pois você e sua mãe estão doentes e precisam do entendimento e da paz.

Trata-se evidentemente de um gozo destrutivo ao qual nenhuma das duas resiste, mas que você — por estar à procura de uma luz — pode estancar se bater na porta certa.

Porta que não é a da terapia comportamental, pois você só vai renunciar ao seu gozo atual descobrindo o que te move. Pode ser a da Psicanálise, que não resolve a depressão quando esta requer tratamento medicamentoso, mas permite reorientar a vida e controlar a depressão.

Milagre não existe, é preciso trilhar o caminho para encontrá-lo. E você já sofreu o suficiente onde está para dizer enfim *não* à repetição e se deslocar. Isso implicará uma nova consciência da sua situação, que decorre do imaginário do seu pai, da sua mãe e do seu. Vocês três são vítimas da mesma armadilha inconsciente e é possível não cair mais nela.

O simples fato de você ter me escrito é a prova de que você quer uma mudança. Pelo conteúdo do seu e-mail, sabe que a mudança depende de uma iniciativa sua. Com isso na cabeça, é só ir em frente, fazendo do seu querer um recurso para enfrentar o presente e moldar o futuro.

O AMOR É SEMPRE MODERNO

Por incrível que pareça, ainda não conhecia sua coluna e logo de cara adorei. Li as respostas e me animei a enviar este e-mail, pedindo sua opinião sobre uma situação que me aflige muito.

Tenho 42 anos, mas não parece, pois sou mignon e tenho um jeito de falar e de ser meio infantil. Minhas amigas já estão quase todas casadas. Uma única amiga e eu somos solteiras. Com 30 anos, passei num concurso público, me apaixonei pelo trabalho e me esqueci da vida.

Mas, há dois anos e meio, conheci pela internet um rapaz por quem estou perdidamente apaixonada. O problema é que ele tem 23 anos e pensa que tenho 33, porque menti sobre a idade. Já adiei mil vezes o encontro, de medo de ele não sentir por mim o que eu sinto por ele. Não quero sofrer. Tenho idade para ser mãe dele e, quando me lembro disso, fico desesperada. Acha que devo tentar viver essa paixão ou cair na real? Me ajude, me dê uma luz.

Acho que você deve cair na real vivendo a paixão. Não pense que estou brincando. De que adianta evitar uma paixão pela qual está tomada? Melhor vivê-la. Se o sujeito não vive, sofre. Se vive, pode sofrer, mas também pode se dar bem e ficar feliz.

Talvez não seja o caso de se casar com um rapaz de 23 anos, porém o que te impede de encontrá-lo e viver o que for possível hoje? Queira ou não, ele é o homem da sua vida, ele que te faz sonhar, pisar nas nuvens — e o que você mais quer é isso.

A questão da idade não é preocupante. Que diferença faz para um homem de 23 anos amar uma mulher de 33 ou de

42? Nenhuma. Quem se importa com a diferença de idade é você, que quer ser como as suas amigas e se casar. Como se o casamento acontecesse quando e porque a gente quer. E como se algum de nós fosse igual a algum outro.

Só o que é comum a todos é a paixão do amor, que nos torna menos mortais e pode justificar a existência. O amor é sempre moderno, nós é que não somos. Escrevi isso pensando num verso de Claudio Willer: "É preciso que sejamos modernos como o amor". Um verso que o poeta explica dizendo que esta modernidade tanto significa ser capaz de mudar quanto deixar o maravilhoso acontecer.

Você está às voltas com o maravilhoso e tem medo de se desencantar. Vai continuar vivendo o amor só no imaginário? Vai continuar se privando do rosto do amado, do olhar e da voz? Das mãos e de tudo o que o sexo propicia? A luz que emana do encontro dos corpos é única. Não é preciso ser poeta para saber disso. Pena seria você não ousar o prazer da carícia. O virtual tem limites. A garantia que ele dá não compensa a privação que ele impõe. Que tal marcar logo uma data e correr o risco?

O CIÚME É UMA FORMA DE MASOQUISMO

Há cerca de seis meses, mandei um e-mail a você. Havia saído de uma relação com um cara que durou 12 anos. Saí porque ele tinha um comportamento sexual compulsivo com outros parceiros, fora da relação. Rompi, porém fiquei com uma paranoia de ciúmes.

Hoje, distante da cidade onde vivíamos, a minha situação mudou. Conheci outra pessoa e nós estamos bem juntos. Queremos ser felizes. No entanto, continuo inseguro e, às vezes, torço para encontrar um deslize do parceiro. Um deslize imaginário ou real, a fim de brigar. O que é isso? Gostaria muito que você respondesse ao meu e-mail.

O termo *paranoia* é de origem grega e, na Grécia, significava loucura. Os psiquiatras hoje se valem do termo para designar uma psicose crônica, definida por um delírio mais ou menos sistematizado, que não leva à deterioração, como acontece no caso da esquizofrenia. Na psicose, não há rebaixamento intelectual e o que predomina é a interpretação sem fundamento. O delírio do paranoico pode ser de perseguição, de grandeza ou de ciúmes.

Só dei o conceito para você saber que não é paranoico — porque não é delirante. Se fosse, não estranharia a própria conduta e não teria me escrito. Isso posto, o ciúme é um sentimento de natureza paranoica. Pode ser despertado pela traição, mas também pode resultar de uma interpretação sem fundamento real, como, por exemplo, no seu caso. Embora feliz com o parceiro, você não acredita que ele possa ser fiel. Fica à espreita, à espera do flagrante que vai te deixar arrasado.

O ciúme nasce de si mesmo, ele se autoengendra e está associado a um gozo masoquista. Do contrário, não seria um sentimento tão resistente. Você só não consegue abrir mão da fantasia do deslize porque ela te faz sofrer e gozar. A expressão *dor de cotovelo*, que associa o ciúme à dor, é uma prova do que estou dizendo.

Se você quer ser feliz, precisa se tratar do masoquismo. Descobrir, na sua história pessoal, o imperativo a que você obedece quando se maltrata. A este imperativo, Lacan deu o nome de *desejo do Outro* e o escritor argentino Hector Bianciotti, de *desenho anterior.*

Quando ele lançou *O que a noite conta ao dia,* um dos tomos da sua autoficção, eu o entrevistei e ele me disse que todo ser humano já nasce bem antes de ter nascido, que nós não herdamos só os traços físicos, a cor dos olhos e da pele dos antepassados, porém também os sonhos, que não são necessariamente os da geração que nos precede — podem ser os de gerações mais antigas.

No caso de Bianciotti, o *desenho anterior* o favoreceu. Era filho de imigrantes e a nostalgia da cultura europeia do pai o levou a sair dos pampas argentinos e se radicar em Paris. Mais que isso, a passar para a língua francesa e entrar na Academia Francesa. Você está às voltas com o *desejo do Outro*. Só que ele não te favorece. Procure decifrá-lo o quanto antes para deixar de sofrer e poder viver em paz.

NÃO TER FILHO É UM DIREITO

Meu pai teve uma relação fora do casamento com minha mãe. Durou três anos. Quando ela me concebeu, ele voltou para a esposa. Fui criada por minha mãe, tias e avós, porém rejeitada por meu pai e sua família, que era muito conhecida na cidade.

Minha mãe foi sempre apaixonada por ele. A ponto de controlar a minha raiva e evitar que eu cobrasse dele atitudes de pai nas únicas duas vezes em que o encontrei — durante as audiências de reconhecimento de paternidade.

Hoje, que eu tenho um filho, me pergunto se minha mãe não amava mais o meu pai do que eu. Ele morreu e, antes disso, enganou minha mãe. Só depois de ter sido enganada, ela entendeu o que eu dizia. Não me escutava, pois eu era adolescente.

Gostaria de entender por que me sinto culpada e que papel eu tive no triângulo.

Você foi desejada por sua mãe e não por seu pai, que inclusive só reconheceu a paternidade por ter sido obrigado, pela lei. Ou seja, reconheceu que era o pai biológico, pois não tinha saída, mas nunca desempenhou o papel esperado. Não passou de um genitor.

A sua mãe foi apaixonada por ele até o fim. A ponto de impedir que você se manifestasse e de não escutar nada que pudesse comprometer a imagem dele. Não sei em que condições ela ficou grávida. Sei que deu à luz contrariando o desejo dele e, portanto, não o amava verdadeiramente. Quem ama respeita. O desrespeito é a possível causa da separação entre ela e o seu genitor.

Por outro lado, ela pôs você no mundo porque quis. Não levou em conta que a sua história passaria por audiências de reconhecimento de paternidade e que ninguém merece isso. Entregou-se repetidamente à paixão e não alcançou o amor, que requer a renúncia e a contenção.

Você diz que se sente culpada. Deve ser por imaginar que foi a causa da separação deles. Isso não é verdade. Você não é culpada de nada e só teve no triângulo o papel que deixaram você ter. Agora, o passado pode servir para o sujeito moldar o seu futuro. Aconteça o que acontecer, esta liberdade ninguém tira da gente.

A grande descoberta de Freud foi essa. Trabalhando com os pacientes, ele se deu conta de que a rememoração do passado permite estancar a repetição. O sujeito rememora, através da associação livre, reinterpreta o ocorrido e para de se repetir. Com isso, tem condições de abrir uma via nova para si.

Graças ao seu e-mail, eu me detive na expressão *filha da mãe*, geralmente utilizada para injuriar, e me dei conta do drama implícito nela. Um drama que deveria levar as mulheres a não enveredar pelo caminho da sua mãe. Me dei conta também da importância da educação sentimental que, sem reprimir, ensina a lidar com as paixões e recusar a posição de quem é vítima delas.

NINGUÉM É LIVRE PORQUE QUER

Tento ser organizada, mas não consigo. Estou sempre tentando arrumar os lugares, colocar as coisas em ordem. Mas, apesar de todo o esforço, só dá certo por alguns instantes. Dali a pouco, está tudo do mesmo jeito.

Também não sou capaz de me organizar em relação ao tempo e ao dinheiro. Isso me deixa muito frustrada. Mesmo tendo tempo suficiente para realizar uma atividade, eu muitas vezes me atraso. Quanto ao dinheiro, faço contas para saber de que soma disponho e o que posso gastar, mas acabo perdendo completamente o controle da situação.

Parece que há uma nuvem na minha cabeça, que não me deixa agir com eficácia. Embora leia muito, ainda não descobri o que devo fazer.

Como você, há muitas pessoas que não conseguem ser pontuais e nem gastar de forma controlada. Porque muitos pais ainda não entenderam que o limite é a melhor coisa que podem dar aos filhos. Deseducam estimulando o consumo.

Agora, a razão pela qual alguém não tem como respeitar o limite de espaço, de tempo e de dinheiro só pode ser encontrada na história desse alguém. O presente é determinado pelo passado e o futuro depende do modo como lidamos com o passado. Isso significa que a liberdade depende da rememoração. Que ninguém é livre porque quer, mas por ter se tornado livre dos imperativos inconscientes.

Você deve ser vista como uma transgressora. Desde que seja voluntária, a transgressão não é um problema. Mas, quando não pode ser evitada, ela se torna problemática. A sua história me faz pensar em alguém que não consegue evitar a contramão. Fica exposto à gritaria das pessoas na rua: "— Contramãããooo". Pode ser multado, perder a carteira de motorista ou, o que é pior, provocar um acidente.

Como você lê muito, recomendo um livro de Freud, *A interpretação dos sonhos*. Data de 1899 e, nele, Freud se debruça sobre os próprios sonhos para exemplificar a sua teoria, fazendo publicamente uma autoanálise e revelando a sua coragem. A de quem, por um lado, sempre se permitiu corrigir as próprias afirmações em decorrência da evolução no conhecimento; e, por outro lado, ousou afirmar, há mais de um século, que o psiquismo não pode ser reduzido à consciência e é preciso vencer as resistências para ter acesso ao inconsciente.

Você pode sair da leitura de *A interpretação dos sonhos* inspirada para analisar os seus atos. Até que a sua mente fique desanuviada. Nem sempre dá certo analisar sozinha, mas você procura quem possa te ajudar. O importante é enveredar pelo caminho que traz luz, o caminho de quem deseja saber. De quem não quer persistir na paixão da ignorância, a mais negativa das paixões.

NÃO É PRECISO SE DESLOCAR PARA SE SEPARAR

Por que um homem olha com insistência para uma mulher? Fico com esta dúvida sempre que sou olhada da cabeça aos pés por um homem que já teve a ocasião de ter um relacionamento comigo e de quem eu só me afastei por ele não tomar decisão alguma. Me visitava, flertava comigo e não chegava, não me procurava.

Sou viúva com filhos já moços, ele é divorciado há dez anos e não tem filhos. Comporta-se como um moleque que quer chamar a atenção. Há um ano, eu disse a ele que ia me afastar por estar me apegando demais. Concordou, mas continua flertando comigo. Será que é pelo simples prazer de chamar a minha atenção?

Gosto dele, só que eu não quero mais. Não está nada fácil, pois convivemos no ambiente de trabalho e ele não para de me olhar. Estou com um nó na cabeça. O que você acha disso?

Há no seu e-mail três questões. Por que ele me olha insistentemente? Faz isso pelo simples prazer de chamar a atenção? Como me separar dele, estando sempre em contato? Vou tentar responder depois de me deter no significado do olhar.

Temos grande prazer em ser olhados. Merleau-Ponty diz que somos "seres olhados no espetáculo do mundo". Basta quem nos olha não mostrar que está olhando para ficarmos satisfeitos. O olhar surpreende, muda as perspectivas. O prazer é tal que tendemos a não perceber que somos objeto dele. O desprazer só acontece quando enxergamos o olho de quem nos olha. O olho então se torna objeto de desconfiança, ele faz mal. O fetiche existe para evitar o olho mau, anular magicamente um desejo ameaçador.

Por outro lado, o olhar expressa a falta, ele é a manifestação do desejo. Daí ser uma das preliminares na relação sexual. O homem que te olha com insistência certamente te deseja. Só que, entre desejar e transar, existe para ele um abismo — e é isso que você não suporta. Ou melhor, não suporta mais. Pois, há anos, ele não passa das preliminares e, há anos, você não esclarece a situação. Convenhamos que ele te satisfez — e muito.

Por que não esclarecer a situação antes de se afastar definitivamente? Porque esse tipo de iniciativa não cabe às mulheres? Isso já era. Sobretudo no Brasil, onde até o samba faz pouco da dama antiga, aquela que ficava num pedestal para ser cortejada. Acho inclusive que ela só suportou essa posição por narcisismo. E, seja como for, quem fica num pedestal acaba abrindo mão da experiência da igualdade e do prazer sexual, como te aconteceu.

Se você chegar à conclusão de que a experiência de vida que você quer não é possível com o homem de quem falamos, não é preciso mudar de emprego para se separar. Basta mudar de posição subjetiva. Ou seja, não querer mais um olhar que não te libera. Pelo contrário, só te amarra.

A LIBERDADE REMOÇA

Fui casada durante 14 anos. O meu marido era o provedor, o salvador e o algoz, tal o assédio moral que ele me infligia. Acreditando na minha incapacidade, perdi espaço profissional e social.

Sexo e diálogo sempre foram ruins. Procurei refúgio em um amante, também casado, com quem fiquei 12 anos. Um dia, me dei conta de que estava envelhecida por só viver a vida deles. Comecei a fazer terapia e tive forças para me separar. Primeiro, do marido. Depois, do amante, quando descobri que ele me traía.

Hoje, me sinto aliviada e até remocei. Estou tentando abrir caminhos novos para deixar de ser dependente. Só não entendo o meu mal-estar sempre que vejo o meu ex com outra. Primeiro, imaginei que era ciúme. Hoje, acho que é sentimento de abandono. Mas como posso me sentir abandonada se estou feliz sem ele?

Você deve ter sido educada para aceitar a condição de mulher dependente do marido, só viver a vida dele, como se amor fosse sinônimo de alienação. Do contrário, não teria vivido 14 anos com um algoz, perdendo espaço profissional e social. Felizmente, você teve forças para se separar, dar o seu grito de independência. A sua história é feliz, pois mostra que a liberdade remoça e contenta.

Sartre diz que o homem primeiro existe, depois se encontra, surge no mundo e se define. Para o existencialismo, o homem é o que ele faz de si mesmo. Daí, a grande frase de Simone de Beauvoir: "Mulher a gente não nasce, a gente se torna." A vida é paradoxal e o que importa é se valer da dificuldade para se renovar, dar a volta por cima e ir em frente. Aqui, vale citar uma das frases do meu filósofo popular brasileiro preferido, Carlito Maia: "Não começar a parar e não parar de começar".

Para o sentimento de abandono a que você se refere, acho que há duas razões. Primeiro, ele te abandonou mesmo, ignorando o teu desejo e te assediando. Segundo, você cultiva a mágoa. Ninguém fica tanto tempo no casamento em que você ficou sem apego ao sofrimento. Noutras palavras, você se separou do homem sádico ao qual estava ligada, porém ainda falta se separar do gozo masoquista. Foi uma troca de pele incompleta.

A fim de abrir os caminhos novos que você procura e viver um verdadeiro amor, precisa se livrar do masoquismo, que é indissociável do sadismo. Um e outro são incompatíveis com o amor por uma razão simples: o amante deseja o que o amado deseja. "— O que for bom para você é bom para mim", é o que ele diz. Na essência, o amor é isso e o resto é desvio. Sei bem que o desvio predomina, mas e daí? Quanto mais a gente se aproxima do amor feliz, melhor é.

A MENTIRA É UM ATOLEIRO

Há tempos eu quero escrever. Reluto, de vergonha. Tenho 30 anos de idade e acho que sou mitômano.

Minha vida é uma grande e aterradora mentira. Não sei o que houve, mas, desde os 20 anos, fujo da realidade, mentindo sobre mim e sobre tudo o que me cerca. São mentiras convincentes, que as pessoas levam anos para descobrir.

A vontade de ser eu mesmo é imensa — porém como assumir que não sou quem os outros pensam que sou? Sofro com isso e as pessoas que se aproximaram de mim também sofreram. Foram enganadas. Gostaram de alguém que não existia e queria ser visto como aparentava ser, e não como era. Acontece que eu agora não sei mais quem sou.

Não quero mais a vida como ela está. Não quero mais perder pessoas especiais. Preciso de laços duradouros, de confiança, de respeito. Qual o caminho a seguir?

Na linguagem corrente, nós frequentemente dizemos: "Isso é um mito", para desqualificar uma ideia. Mito, aí, é sinônimo de mentira. Mas a palavra *mito* é originária do grego *mythos*, que significa lenda. E, além de ser uma vocação de todos os povos, a lenda deu origem aos grandes tesouros da civilização, a exemplo da mitologia grega ou hindu.

Nós só somos educados para dizer a verdade por dois motivos. Por um lado, porque tendemos a nos valer da mentira para realizar o desejo e escapar ao castigo. Por outro, simplesmente porque gostamos de inventar. Os artistas e os escritores são os que, não conseguindo abrir mão desse gosto da infância, exercitam-se nele a vida inteira, fazendo arte ou escrevendo. Agora, eles sabem distinguir o imaginário do real. Um bom exemplo é *Autopsicografia* de Fernando Pessoa, que diz: "O poeta é um fingidor / finge tão completamente / que chega a fingir que é dor / a dor que deveras sente".

O mitômano, como os artistas e os escritores, precisa inventar. Só que ele apresenta a sua invenção como um dado real e faz isso por uma razão inconsciente, que lhe escapa. Inventa compulsivamente. Acaba não sabendo distinguir a fantasia da realidade e se pergunta: "Quem sou?".

Hoje, você não quer mais se repetir nessa conduta, para inspirar respeito e não perder pessoas. Procure encontrar a razão que te levou a fugir continuamente da realidade. Porque a gente não esquece por fugir dela. Todo homem tem a sua hora e vez, que é a hora da sua verdade. Insisto na palavra *sua*, pois, como diz a psicanalista Yvete Villalba, "a verdade que está ao alcance do sujeito é a que diz respeito ao seu próprio engano".

Não perca tempo. Procure logo quem saiba te escutar. Até que você encontre uma via nova e possa sair do atoleiro onde está. Boa sorte.

O AMOR
É UM IDEAL
DE VIDA

Desconfio que meu namorado me inveja e por isso me ama. Para ficar por perto e seguir meus passos, na esperança de ser como eu. Faz sentido? E será que eu o amo sabendo de tudo isso, ou represento um papel que eu própria não sei ainda qual é? Me ajude, estou sufocada.

Não é fácil entender a inveja. Pode-se dizer, por exemplo, que João tem inveja de Maria quando João não quer que Maria tenha o que ele, João, não quer ter. A inveja é um sentimento destrutivo, que não é o do seu namorado. Ele te idealiza, faz de você o seu ideal. Você é uma referência, como o pai ou a mãe ou o educador pode ser.

A idealização é um grande capítulo da Psicanálise por ser um grande capítulo da nossa vida. Ninguém se forma sem passar pela idealização, que é inseparável do narcisismo. Quando um indivíduo idealiza outro, ele se ama nesse outro. Se espelha, como Narciso no espelho d'água.

O amor, na verdade, tem sempre algo de narcísico. Por isso, o amante pode dizer para o amado: "— Eu sou você". E o amado pode responder: "— Você sou eu". Precisamente por este algo o amor é tão prazeroso.

Agora, quando o amante quer, como o seu, ser idêntico ao amado, as coisas se complicam. O amado fica sem um verdadeiro interlocutor. Porque, nesse caso, o amante não é um verdadeiro outro, ou seja, um outro que tenha um discurso próprio e portanto uma escuta. Você está sufocada por não ser escutada. A sua palavra não encontra eco. Isso, evidentemente, só muda se o seu namorado conseguir se escutar — para tanto, o melhor é fazer análise. Como você o ama, pode orientá-lo nesse sentido. Tendo a influência que tem sobre ele, não será difícil.

Você me pergunta ainda no seu e-mail se está representando um papel. Acho que está. Nunca pensou naquela dama antiga que inspirava o trovador e era venerada num pedestal? Foi uma grande dama, acredite. Sem ela, o amor como um ideal de vida superior, o chamado amor cortês, não teria nascido no Ocidente.

Este amor deve a sua criação a um grupo de poetas, no seio da nobreza feudal da Gália. Pode ser datado do século XII, que, segundo Octavio Paz, é o do nascimento da Europa. Pois é. Foi nesse século que apareceram as grandes criações da nossa civilização e, entre elas, a ideia do amor como forma de vida. Esta grande ideia implica a dama e o trovador.

O papel que você representa é um dos papéis femininos da História do Ocidente. Situada você já está. O problema é você não ter escolhido o seu papel e não ficar à vontade nele. Precisa se perguntar a que imperativo ancestral você responde para poder se liberar.

SEM LIBERDADE O AMOR NÃO SE SUSTENTA

Tenho 19 anos e sou um tanto complicada quando se trata de amor. Me apaixonei há quatro anos por um primo casado. Diz que me ama, mas eu não consigo acreditar. Era muito safado quando solteiro e não se separa por conveniência. Acredito que seja isso. Já tentei me esquecer dele, namorando outros garotos, só que não consigo. O namoro dura dois meses e eu logo termino.

Sei que não estou certa. Até porque fui criada na tradição antiga. Só que o meu sentimento é mais forte do que eu. Por mais que não queira, quando vejo o primo, o meu coração se dilacera. Como arrancar isso da minha mente e do meu coração? O que eu faço com esse sentimento?

Que incrível paixão as mulheres podem ter pelo dilaceramento! Numa das suas peças, *A falecida*, Nelson Rodrigues escreveu: "Entra de sola que mulher gosta é disso". Essa frase terrível continua, infelizmente, sendo atual. Talvez porque a tradição antiga continue vigorando e os pais não eduquem as filhas para que não cedam ao gozo masoquista.

Ninguém arranca ninguém da mente e do coração, precisa mudar de posição subjetiva. Já pensou em consultar um psicanalista e tratar do assunto com ele? A melhor coisa que você pode fazer é isso. Porque o que caracteriza o gozo é a repetição, e, se você continuar sujeita a ele, depois do amor pelo primo, inventa algum outro que seja mortífero também.

Foi a partir da compulsão à repetição que, num texto de 1920, *Mais além do princípio do prazer*, Freud elaborou o conceito de pulsão de morte. No texto, ele afirma, contrariando as ideias vigentes, que o processo mental não é dominado pelo princípio do prazer. Se fosse, a maioria das nossas experiências seria prazerosa e esse não é o caso.

Quando o princípio do prazer é substituído por tendências que estão "mais além", tendências inconscientes recalcadas, que são a causa do desprazer, é preciso se livrar delas. Você está às voltas com essas tendências, que te impedem de viver um amor feliz. Te amarram a um homem que era safado quando solteiro, está casado por conveniência e se exercita em seduzir a própria prima.

A origem do seu drama se encontra no seu passado, que você precisa rememorar. Através do recurso à rememoração e de uma escuta competente, você se libera. Sem liberdade subjetiva, o amor não se sustenta. Sei bem que fazer análise custa caro, porém é "melhor pagar com dinheiro do que pagar com a própria vida", como diz a psicanalista Maria Lucia Baltazar.

FIDELIDADE FORÇADA NÃO É FIDELIDADE

Talvez o meu problema seja o dos homens desde sempre. Mas, mesmo assim, não sei o que fazer. Tenho 32 anos, namoro uma mulher de 30 e vamos ficar noivos. Ela é linda, fina, inteligente, o tipo de mulher que chama a atenção de homens e mulheres por onde passa. Teve uma educação conservadora e acredita piamente no amor e no sexo monogâmicos. Acho que pode ser a mãe perfeita dos meus filhos e quero me casar com ela.

Nós nos damos superbem em todos os aspectos, menos no sexual. Ela me deseja e me procura sempre, eu é que não correspondo. Transamos duas vezes por semana, porque tenho um desejo incontrolável por outras mulheres e me relaciono com várias. Nunca consegui ser fiel, mesmo estando totalmente apaixonado. Adoro o corpo feminino, provar sabores novos, sentir outros cheiros.

Amo minha namorada, porém como conciliar o amor com o meu desejo? Falar disso para ela não é uma possibilidade. Já a sondei nesse sentido e percebi que não dá. Nesse contexto, o casamento é uma opção? Racionalidade ou instinto?

Certos homens podem ser vítimas do desejo incontrolável de transar. Desejo bom é aquele que a gente controla. Ou seja, que nós temos a liberdade de assumir ou não. O uso do termo *vítima* não é casual. Vali-me dele porque os homens a que me refiro cumprem transando um mandato do superego: "Goze". Se deixam escravizar por ele, imaginando que são senhores da própria conduta. Se a educação sentimental existisse, isso poderia mudar. Mas nós insistimos na ideia de que o importante é a educação sexual. A propósito, Nelson Rodrigues, que não tinha papas na língua, escreveu: "A educação sexual só devia ser dada por veterinário".

Seja como for, a fidelidade não pode ser obrigatória, tem que ser facultativa. Ninguém deve se forçar a ser fiel. Inclusive porque, neste caso, já não está sendo. O problema é você se tornar noivo de uma mulher com quem não se entende sexualmente, com o argumento de que ela será a mãe perfeita dos seus filhos. Ainda que você fosse o futuro rei da Inglaterra, isso não se justificaria.

A sua posição é a do príncipe Charles, que deu no que deu. Ele, sabidamente, escolheu Diana com o auxílio de Camilla, que então era sua amante. Camilla olhou as fotos de Diana e aconselhou o amante a se casar. "— Esta serve, querido. Bem-educada, jovem e bonita. Pode ser uma boa genitora e, portanto, esposa do futuro rei da Inglaterra." A princesa sofreu até encontrar um verdadeiro amor e morreu em Paris no acidente trágico da Pont de l'Alma.

Por ter seguido as convenções da monarquia, o príncipe Charles ajudou a cavar a sepultura de Lady Di. Por sorte, ela se impôs como a verdadeira rainha dos ingleses, a que se opôs ao racionalismo estreito dos falsos monarcas, elegendo as causas justas. Entre elas, a do coração.

A IGNORÂNCIA MATA

Fui traído em um casamento de 14 anos ao qual me dediquei muito. Traído e jogado no lixo, como um trapo velho. Minha esposa me mandou embora de casa com poucas roupas e 200 reais no bolso. Isso me deixou ainda mais humilhado do que a traição. Tentei me suicidar três vezes, mas Deus não me deixou ir embora.

Hoje, estou conformado com a separação, porém não consigo entender a forma como fui despejado. O pior é que estou muito inseguro quanto a ter ou não outra relação, pois tenho medo de me decepcionar novamente. Gostaria de saber como agir.

Como é possível ser traído e jogado no lixo como um trapo velho sem se prestar a isso? O fato de você ter tentado se suicidar três vezes e não ter conseguido mostra que você se expõe — e muito — ao sofrimento. O porquê disso eu não sei. Só sei que, depois desse tempo todo, você agora se questiona sobre o que aconteceu. E o que você tem a seu favor é esse questionamento.

O que importa, agora, não é ter ou não outra relação, e sim não se sujeitar à possibilidade de se decepcionar novamente. Noutras palavras, fazer a prevenção do desastre. A ideia de prevenção, que a medicina contemporânea valoriza cada vez mais, também é válida para a vida afetiva.

Assim como a gente se cuida, fazendo os exames que o médico recomenda, a gente pode se cuidar não entrando em fria. Para tanto, é preciso saber em que porta a gente bate ou entra. Tem quem saiba disso espontaneamente. Outros têm que ser ajudados. É o seu caso, porque você se endereçou a mim.

Faça o impossível, se for necessário, para entender o que te levou a se casar com a sua ex e por que foi despejado cruelmente. Se bem analisado, o seu drama pode fazer você enveredar por um caminho novo, que não é necessariamente o do casamento. As pessoas frequentemente imaginam que esta é a única saída, mas é claro que não é. Os caminhos são muitos e é caminhando que a gente acerta.

Uma das melhores frases do publicitário Carlito Maia era: "Não faça nada por acidente, faça tudo de propósito". A frase, que foi escrita depois da morte da mãe dele num acidente de automóvel, significa que é preciso abrir mão de não saber. Ou seja, da paixão mortífera da ignorância à qual nós só nos entregamos por sermos incautos.

Entre a Psicanálise e o Budismo há um ponto em comum: a recusa da paixão da ignorância. Para superá-la, o psicanalista propõe ao analisando a associação livre e a rememoração. O Budismo, que é uma filosofia, e não uma religião, propõe a ascese, conjunto de práticas físicas e espirituais que levam à liberação do indivíduo.

A AMIZADE REQUER A ABNEGAÇÃO

Estou num dilema, porque me apaixonei pela minha melhor amiga. Como já tive uma experiência análoga malsucedida no passado, não digo o que sinto. Fico protelando. Inclusive porque não moramos na mesma cidade.

O insucesso que eu vivi e o fato de morarmos longe um do outro contribuem para eu me manter em silêncio. Não sei o que ela pensaria se eu me abrisse. Nosso nível de intimidade nos permite falar abertamente sobre tudo. Confesso, no entanto, que, às vezes, me dói ouvi-la falar sobre as experiências amorosas dela. Não sei se devo continuar assim fechado ou se é melhor dizer que a vejo também como mulher. O que você acha?

O sentimento da amizade e o sentimento amoroso não são da mesma ordem, embora haja sempre algo de inexplicável nos dois. Algo que Montaigne expressou claramente falando do amigo La Boétie: "Se alguém me pedir que explique o motivo pelo qual eu dele gostava, responderei que só posso me exprimir assim: Porque era ele e porque era eu".

A amizade requer a abnegação. O amigo realiza o próprio desejo auxiliando o outro a realizar o seu, ainda que isso torne a distância inevitável. O amor implica a entrega. O amante se realiza com ela, quer ardentemente a presença do amado, mesmo quando pode suportar a ausência.

O seu e-mail mostra que a amizade não é compatível com o amor-paixão. Pois com o amigo a gente pode falar de tudo e, tendo se apaixonado, você já não é capaz da escuta de que a sua amiga precisa. Sofre quando ela fala de amor.

Antes de mais nada, você precisa se perguntar por que se apaixonou duas vezes por uma amiga. O que te levou a esta repetição? Deve haver uma razão inconsciente que te determina e faz você perder a amizade, arriscando o insucesso no amor. Usei o verbo *perder* intencionalmente, porque você já perdeu a amiga. Já não pode mais escutar como ela deseja ser escutada e nem pode mais se abrir com ela. A situação de hoje é particularmente complicada.

Para encontrar a saída, você precisa responder à pergunta acima. Ir ter com o analista, cuja escuta é reveladora por não estar comprometida com nada que não seja o desejo do analisando. Para chegar a esta escuta, ele se submete a uma análise até se autorizar a ser um analista. Se deixa formar no divã pelo próprio inconsciente para que o inconsciente alheio possa se manifestar.

O divã é uma experiência única. Paradoxalmente, nada é mais útil do que associar livremente, falar o que passa pela cabeça sem compromisso com a coerência ou a utilidade. Quem faz análise seriamente não dá murro em ponta de faca. Se torna mais amigo de si mesmo e vive mais preparado para escutar o amigo e cantar o amor.

O QUE IMPORTA É SER FELIZ

Tenho 42 anos e 17 de casamento. Meu marido se relaciona com pessoas na internet desde 1996. Descobri isso lendo no e-mail conjunto que tínhamos a resposta de uma mulher que se correspondia com ele. Fiquei chocada, mas deixei que ele a encontrasse numa viagem. Voltou prometendo não repetir a experiência, porém continuou procurando pessoas em chats de sexo. Há alguns meses, descobri que há um site com fotos dele nu da cintura pra baixo, o pênis ereto. Não suportei e contei que sabia.

Respondeu que faz isso por impulso e ainda porque a vida é monótona. No entanto, diz que sou uma boa esposa, carinhosa etc. A meu ver, ele tem um vício que precisa ser tratado. Só que ele já fez psicanálise uma vez e não quer mais saber. Tenho raiva de mim por não sair dessa situação. Sei que contribuo para que o vício continue.

Quero me separar e sinto pena. Porque o meu marido está num momento profissional delicado. Não quero mais viver com uma pessoa como ele, embora ainda o ame. Preciso saber se o que ele faz é ou não normal. Se eu tenho que aceitar ou se estou errada. Não tenho nenhuma vontade de procurar sites de sexo e fazer o que ele faz.

A resposta que o seu marido deu, quando você descobriu o site onde ele aparece nu, é crível. Ele se exibe, por um lado, para satisfazer uma pulsão à qual não resiste — uma pulsão exibicionista. Por outro lado, quer variar de objeto sexual. Há quem saiba viver uma vida que não seja monótona com uma única pessoa e há quem precise de muitos parceiros para se contentar. Um cônjuge pode ou não aceitar essa condição, que todo libertino impõe.

A conduta do seu marido é perversa — porque o prazer é a única lei do desejo dele —, mas não é patológica e não requer tratamento necessariamente. Você é que não tolera a conduta e deveria procurar alguém que possa te escutar para saber que rumo dar à sua vida. Vai ser a "boa esposa, carinhosa" até o fim dos seus dias ou vai mudar de ares porque sofre na posição em que está?

Muitas mulheres aceitaram ser a dita esposa. Sobretudo na França do século XVIII, onde o libertino se opunha à moral burguesa, fazendo a apologia da inconstância e do prazer dos sentidos. Se quiser se aprofundar na filosofia da libertinagm, leia *As ligações perigosas*, de Laclos. Nesse romance, a relação entre os sexos é uma questão de pura estratégia e ninguém deve nada se não a si mesmo.

Você me pergunta se está ou não errada. A meu ver, a pergunta é outra: quer ou não um companheiro que não vai abrir mão da libertinagem? Está casada há 17 anos e há 11 ele se entrega a ela. Dificilmente vai mudar. Nem por isso é má pessoa ou precisa ser condenado. Você, aliás, tende a ser tolerante e isso é um mérito seu. Desde que a tolerância não te impeça de tomar a decisão certa. Ou seja, a melhor para você.

SÓ QUEM SE AMA PODE SER GENEROSO

Sempre namorei. Desde os 14 anos... Tive uns seis namorados duradouros. Até que fiquei grávida, me casei, me separei e namorei outro mais quatro anos. Nunca fiquei nem dois meses sem namorar. Gosto dos homens, me interesso verdadeiramente.

Tenho 36 e há um ano eu me envolvi com um rapaz 11 anos mais novo, filho de mãe completamente dominadora. Uma psicanalista de sucesso, de quem ele se orgulha, embora se sinta sufocado por ela. Nem a mãe e nem o pai aprovam o nosso namoro. Acham que ele tem muito para viver antes de se amarrar com uma mulher mais velha, separada e mãe de um filho.

Sempre fui segura nos meus relacionamentos, mas de repente me sinto inferior, tenho medo de perdê-lo. Sobretudo porque foi trabalhar noutra cidade. Só fico bem quando estou ao seu lado. Longe, minha vida parece estagnada e sem graça.

O meu trabalho também. Pela primeira vez, sinto vontade de estar com alguém para sempre. Quero um parceiro para viver em paz a minha maturidade. Sinto o peso do tempo que passa e me sinto sozinha. Fico horas no computador. Como reagir?

Bom exaltar Eros, gostar dos homens, se interessar "verdadeiramente". Curiosa, no entanto, a maneira como você se refere a eles. "Tive uns seis namorados." Se os seis fossem significativos, você não usaria o artigo *uns*. Esse uso indica que significativa era a quantidade de namorados. A sua posição, antes do casamento, faz pensar na de Don Juan, que se interessa pelas mulheres, mas por nenhuma em particular. Porque para ele só quantas ele seduz importa.

Você começou a vida amorosa com a ousadia de uma grande devoradora e agora se estranha, porque está às voltas com o medo de perder o parceiro. O seu medo se justifica. Menos pela oposição dos pais do namorado e mais porque a liberdade dele não te convém. Você precisa estar junto o tempo todo e, portanto, pode se tornar tão sufocante quanto a mãe.

Se a liberdade dele te conviesse, a sua vida não ficaria sem graça quando ele vai trabalhar, ou seja, se realizar noutra cidade. Para escapar à monotonia do seu sentimento de insegurança atual, você precisa encontrar uma forma de ter prazer, no cotidiano, sem ele. Isso é perfeitamente possível e altamente recomendável.

Quanto ao parceiro da maturidade, a gente encontra porque já amadureceu. Já sabe que acorrentado ninguém ama e não é possível esperar tudo da relação com o amado. O amor do amado é o principal, claro, mas requer o amor do amante por si mesmo. Só quem se ama pode realmente amar o outro. Porque tem a generosidade que propicia o acordo e, assim, torna as coisas possíveis. O futuro do namoro atual depende muito de você, da maneira como vai encaminhar a sua vida.

O BOM CLÍNICO SABE ESCUTAR

Descobri sua coluna como quem descobre um tesouro. Trata-se de uma aula poética. Sou psicólogo e acredito que, na clínica, o fato de ser humano conta mais do que a técnica. Mas estou enfrentando problemas graves. Tenho poucos pacientes e isso me desespera. Porque não consigo me sustentar e muitas vezes recorro aos meus pais. Também me frustra saber que o trabalho não está dando certo. Para dizer a verdade, fico com inveja de profissionais que conseguem arranjar pacientes facilmente.

Nunca parei de estudar, tenho pós-graduação em Psicanálise e fiz três anos de análise. Sei que deveria fazer mais, porém não tenho como pagar. Mal pago as contas no fim do mês. Às vezes, me parece que profissionais de sucesso, na área da Psicanálise, sempre foram ricos. Você, por exemplo. Só alguém que tem dinheiro pode fazer uma formação tão boa e completa como a sua.

Minha namorada não é de fazer pressão. Sinto, no entanto, que seria bom para ela eu estar mais bem-estabelecido. Os rapazes da minha idade (tenho 29) já têm casa, carro... e eu, sempre esperando. Me pergunto se é possível ser psicanalista sem ter dinheiro.

O bom clínico é aquele que sabe escutar. Que se exercitou suficientemente nesta arte para receber a mensagem do analisando e a devolver com um sentido novo. Isso implica ter se escutado a ponto de se tornar verdadeiramente disponível, ou seja, poder fazer abstração de si mesmo. O que sustenta a prática analítica é a escuta competente, que provoca a transferência e traz "os pacientes", ou melhor, os analisandos.

Ninguém tem clínica porque cursou Psicologia ou fez um curso de mestrado em Psicanálise. Para tanto, é preciso ter se analisado até poder se autorizar como analista. Isso significa dar prioridade à análise e pagar consigo próprio — pagar o custo que for necessário para decifrar o inconsciente e se livrar dos valores da representação.

Por outro lado, o analista não deve depender do consultório para o seu sustento básico. Simplesmente porque fica dependente do analisando e corre o risco de fazer concessões, aceitando um mau uso do tempo da sessão. Lacan recomendava aos alunos que tivessem um trabalho institucional para se sustentar. Com todos os diplomas que você tem, não deve ser difícil encontrar um emprego.

Quanto à questão do sucesso, ela é de somenos para a Psicanálise, que se interessa sobretudo pela razão do fracasso. A questão não é ser ou não ser riço, mas ser ou não capaz de trilhar o caminho, que nunca é fácil e pode ser árduo. O melhor livro que você pode ler sobre isso é *O dia em que Lacan me adotou*, de Gérard Haddad, editado no Brasil pela Companhia de Freud.

Haddad cursou Agronomia e exercia com sucesso a profissão, trabalhando na África para resolver a questão da fome. Em 1969, começou uma análise cotidiana e custosa com o mestre. Custosa do ponto de vista subjetivo e objetivo. Paralelamente, abandonou a Agronomia para cursar Medicina e enfrentou dificuldades econômicas sérias. No livro, ele expõe isso e conta, de forma muito clara, a metamorfose decorrente da análise. Vale a pena ler.

O VICIADO NUNCA É LIVRE

Tenho 37 anos. Não fumo, não bebo e não uso drogas. No entanto, sou apaixonado por pornografia. Sempre olho filmes pornográficos sozinho. Já fui casado durante 12 anos. Me divorciei e tive duas namoradas. Não consigo manter um relacionamento duradouro. O sentimento pela companheira se esvai com o tempo — em média, são dois anos. Será que há alguma relação entre a minha paixão pela pornografia e a incapacidade de manter um relacionamento?

Não sei exatamente qual é o objeto da sua paixão, porque é impossível definir a pornografia ou demarcá-la do erotismo. Essas duas noções mudam com o passar dos séculos. Tanto Flaubert quanto Miller foram considerados pornográficos antes de serem clássicos. As fronteiras da pornografia variam de uma cultura para outra. Na Suécia, há muito que o ato sexual é exibido e olhado publicamente. Já nos países muçulmanos, a mais tímida exibição pode levar ao linchamento.

A palavra *pornografia* vem do grego *pornê* (prostituta) e *graphê* (escrita). Diz menos respeito à sexualidade propriamente dita do que à representação dela através da escrita ou da imagem. Já nos primórdios da humanidade, a sexualidade era representada — nas grutas de Lascaux na França ou nas grutas do Piauí no Brasil. Depois, aparece na Índia, no Japão, na China, na Grécia, em Pompeia... Isso porque o ato sexual é inseparável da sua representação.

No passado, a pornografia era reservada a um pequeno número de amadores — era produzida por artistas e consumida por um meio aristocrático, intelectual. Hoje, ela foi, por assim dizer, democratizada, está ao alcance de todos, e o seu maior suporte é o cinema, que se presta à exibição do mais íntimo e do mais recalcado. A pornografia contemporânea depende sobretudo do olhar e satisfaz a pulsão voyeurista.

Você me pergunta se há relação entre o gosto pela pornografia e a impossibilidade de ter um sentimento amoroso duradouro por alguém. Em princípio, não, mas o que te interessa é saber se no seu caso há relação ou não. Claro que, se você espera da parceira que ela satisfaça a sua pulsão voyeurista e ela não for exibicionista, não há como sustentar o namoro. A expressão *cara-metade* não existe por acaso. A condição para que duas pessoas possam ficar juntas é que elas se complementem. A sua cara-metade não pode ser avessa ao exibicionismo.

O problema verdadeiro é ser viciado, porque o vício limita a sua liberdade. Para se livrar dele, vale a pena consultar um especialista e se tratar até descobrir por que você vive sujeito a uma pulsão incontrolável. Só a vida de quem é livre vale a pena. Ademais, a sexualidade, sujeita a um vício, acaba se tornando enfadonha.

FICA BEM QUEM ACEITA QUE O TEMPO PASSA

Numa das suas colunas, você diz ao consulente que ele corre o risco de envelhecer cedo e mal. Espero que você não tenha uma ideia preconcebida em relação à velhice, que tem seus prós e seus contras, como qualquer fase da vida. O maior dos contras é uma saúde frágil.

Estou sob a influência da minha última leitura, Saber envelhecer, *de Cícero, e concordo em boa parte com os argumentos dele a favor da velhice. Melhor envelhecer do que viver uma adolescência prolongada, pois sofrimento maior do que na adolescência não há.*

Sou leitor assíduo dos seus artigos e admiro muito o seu trabalho.

Bom ser admirada por alguém que lê Cícero, a quem nós devemos a noção moderna de humanismo. Cícero considerava que, devendo ser um educador, o político precisava receber uma formação universal. Com ele, *humanitas*, que significava "o amor do humano", passou a significar cultura.

Além de culto, o político para Cícero só devia querer o *otium*, que significa repouso, ausência de guerras e de lutas. Devia ainda recusar o poder excessivo e viver no respeito dos direitos de todos. São maneiras de ser e de se comportar que requerem a sabedoria, rara na juventude e mais comum na idade avançada. Normal que o filósofo fosse favorável à velhice.

Sou favorável aos mesmos valores, mas não a esta ou aquela idade. Há tantas maneiras de ser adolescente ou de envelhecer! E, a bem da verdade, não sei o que envelhecer é. No primeiro sentido do dicionário, significa se tornar velho e isso não me leva a nada. No segundo sentido, é tomar aspecto de velho. Olho a foto de Lacan que está na parede e vejo os cabelos brancos. Pelos cabelos, o aspecto é de um homem idoso, mas pela intensidade do olhar, a juventude é inegável.

Ficou bem até quase o fim. Como Picasso. Duas vezes por mês, Lacan se apresentava no seu seminário com ideias novas e, para isso, muito se empenhava. Foi grande por nunca ter parado de inovar e transmitir o seu saber, enveredando por caminhos novos, vencendo continuamente a repetição. O que importa é isso.

Fica idoso e bem quem se dá ao outro e aceita o tempo que passa, porque se transforma com ele. Um dos melhores exemplos é Joãosinho Trinta. Por reinventar todo ano o desfile, ele foi durante décadas um dos nossos maiores carnavalescos. Depois, quando ficou doente, voltou à Marquês de Sapucaí numa cadeira de rodas, introduzindo no desfile a ala dos paraplégicos e ensinando assim, através da cultura do brincar, a solidariedade humana. Não se deixou vencer pela doença e compareceu para dizer com a sua surpreendente presença: "Eu continuo com vocês".

Cícero, que teria encontrado no Brasil raros políticos dignos do humanismo por ele preconizado, teria gostado de conhecer o carnavalesco, um dos maiores humanistas de quem já se ouviu falar.

O BRINCAR
É UM
RECURSO
IVILIZATÓRIO

Aproveito sua coluna para pedir que você escreva sobre a mentira na política nacional e no cotidiano brasileiro. Sobre a relação disso com a ética. Sobre a posição do indivíduo na sua busca de identificação com os políticos. Gostaria ainda de saber como entra o Macunaíma nessa história.

O brincar do Macunaíma não tem nada a ver com o sacanear dos políticos. Macunaíma, o herói sem caráter, é inseparável de Ci, "a companheira para sempre inesquecível". O companheirismo entre ele e a sua amada é um eterno brincar — "os dois brincavam que mais brincavam num deboche de amor prodigioso". Trata-se de um brincar que se renova — "despertados inteiramente pelo gozo, inventavam artes novas de brincar".

O brincar é a vocação de Macunaíma e da nossa cultura popular, à qual Joãosinho Trinta deu o nome de "cultura do brincar", explicando que se trata da cultura fluindo através da brincadeira, insistindo no impossível e desafiando a morte.

O que sustenta o brincar é a fantasia, à qual o folião — como a criança — se entrega sem culpa, deixando-se governar pelo princípio do prazer. Por isso, nós todos nos reconhecemos no Carnaval, que rememora o passado e reinventa a nossa identidade. Rememora carnavalizando a história e oferecendo continuamente um Brasil com o qual nós nos identificamos.

Nada a ver com o universo da política, de que o Carnaval faz a sátira. Assim, por exemplo, no samba de Roberto Martins Frazão: "Lá vem o cordão dos puxa-sacos / Dando vivas aos seus maiorais / Quem está na frente é passado pra trás... / Vossa Excelência, Vossa Eminência / Quanta reverência / Nos cordões eleitorais / Mas se o doutor cai do galho e vai ao chão / A turma toda 'evolui' de opinião..."

A cultura do brincar denuncia o oportunismo, porque, para ela, a política não deveria estar dissociada da ética. Na verdade, ela quer a "polética", e é por isso mesmo que, nos tempos da escola de samba Beija-Flor, Joãosinho Trinta se valeu da ética que sustenta a produção do Carnaval para constituir mutirões e transformar Nilópolis. A solidariedade que imperava no barracão e a disciplina permitiram a reconstrução parcial da cidade e a reorganização da vida. Contra o subdesenvolvimento, o carnavalesco pôs em marcha as suas alas, as legiões da alegria que, segundo ele, "não são uma ilusão, mas um recurso".

O brincar, contrariamente ao sacanear, é um recurso civilizatório. Vale-se do faz de conta, e não da mentira. O político que sacaneia, usando a lei em benefício próprio, desmente a confiança nele depositada. Não passa de um mentiroso e é claro que ninguém pode se identificar com ele. Como representa o país, este fica desacreditado. O malefício causado pelo político corrupto é tamanho que ele deve ser duramente punido. A consolidação da democracia requer isso.

FREUD SERÁ ETERNAMENTE MODERNO

Tenho 70 anos e sou viúva há nove. Há três anos, reencontrei meu primeiro amor. Ou seja, 52 anos depois! Mas ele ainda estava casado. Vivemos uma intensa paixão, que me fez enfim conhecer a verdadeira felicidade de amar e ser amada. Nos meus 42 anos de casamento, eu tinha sido infeliz, porque meu marido era alcoólatra. A minha vida toda foi de muita luta para criar meus filhos e sobreviver dignamente.

Depois de dois anos de paixão e felicidade, o meu amor morreu, vítima de um infarto fulminante, me deixando completamente só e perdida. Não consigo sair de uma profunda depressão, estou sem objetivo de vida. Como se o mundo tivesse acabado para mim.

Que sorte a sua! Encontrou um grande amor aos 70 anos e teve energia para viver a experiência amorosa depois de 42 anos de infelicidade. Parabéns. Nem todo mundo consegue isso.

O seu problema está no modo como você hoje enfrenta a perda. Dizendo, por exemplo, que o seu amor morreu quando quem morreu foi o seu amado. Isso acontece porque o amante se toma pelo amado e você ainda não fez o luto. Depois que tiver aceitado a morte, não ficará mais só, porque terá com você a memória do amado e, por incrível que pareça, rememorar poderá ser um objetivo de vida.

Perder não é sinônimo de não ter, e fazer o luto é entender isso. Como não é fácil, quase todas as culturas primitivas têm o culto dos ancestrais, cujo ritual ajuda a se separar do morto sem perdê-lo. A dificuldade é de tal ordem que os nossos índios comiam os seus mortos, trazendo-os novamente para o mundo dos vivos e impedindo que se putrefizessem. Nada para eles era pior do que a imagem do cadáver se decompondo.

A morte tem que ser desdramatizada para podermos sobreviver a ela e não desperdiçar o tempo que nos resta. Montaigne, que refletiu sobre tudo o que de fato conta, diz nos seus *Ensaios* que é preciso não estranhar a morte. Incita o seu leitor a se acostumar com ela, pois, "como não sabemos onde a morte nos espera, é melhor esperarmos por ela em todo lugar". Para o escritor, a premeditação da morte é a premeditação da liberdade.

Você já tem mais de 70 anos e pode aproveitar o tempo que resta se valendo da experiência luminosa do amor para viver melhor do que antes. Ou seja, com a sabedoria de quem perdeu e portanto sabe que é mortal. Que nenhum minuto pode ser desperdiçado.

Se você não consegue sair sozinha da sua profunda depressão, procure um especialista para entender por que a perda, no seu caso, é fatal. Também isso tem uma relação com o seu passado. A nossa conduta presente depende da nossa história. Este foi o maior achado de Freud, que será eternamente moderno.

O AMANTE DESEJA CONTENTAR O AMADO

Namoro um homem divorciado, pai de um garoto, que não teve uma boa experiência com o nascimento do filho. A ex-mulher priorizou a criança e ele se sentiu abandonado. A ponto de se divorciar. Estamos juntos há três anos e somos felizes. Mas ele diz que não quer mais ser pai.

Tenho 34 anos e ser mãe sempre foi o meu grande sonho. Desde que nos conhecemos, eu espero que ele mude de ideia e, de repente, ele disse claramente que não mudará. Há alguns meses, comecei a entrar numa crise séria, que está me levando à depressão. Sinto que devo abandoná-lo e procurar um homem que aceite o meu desejo de ser mãe. Mas eu já não sou tão nova... Temo não encontrar esse homem e depois me culpar por ter perdido o meu grande amor.

Devo esperar que ele mude de ideia? Devo partir para um terreno incerto? Acordo todas as noites com esse dilema e a vontade é de sumir, começar vida nova, trabalho novo numa cidade nova.

O seu namorado é um homem que não quer ou não pode satisfazer o seu sonho de ser mãe. Será mesmo que ele é o seu grande amor? Quando duas pessoas se amam verdadeiramente, o desejo de uma é o desejo da outra. Satisfazer o desejo do amado é o maior desejo do amante. O entendimento é a sua vocação profunda.

Entre o namorado e você não há entendimento sobre uma questão fundamental — a que diz respeito à descendência. Para aceitar a recusa dele, você precisa abrir mão de ter filhos e isso parece não ser possível. O primeiro passo, portanto, é conversar, a fim de saber se a recusa é definitiva ou se pode ser reconsiderada. Conversar já, dizendo que você não tem como renunciar à maternidade.

Em função da conversa, você decide se fica com ele ou se parte para outra. Aos 34 anos, ainda pode encontrar quem satisfaça o seu sonho. E, se não encontrar, você terá tentado em tempo hábil, ou seja, em tempo de conceber e dar à luz sem maior dificuldade. A vida também é uma equação que a gente monta e a felicidade depende muito da montagem. Não perca tempo fantasiando o sumiço. O que importa agora não é mudar de cidade, mas de parceiro, se for o caso. Isso requer coragem e energia.

O amor é o que existe de melhor, só ele move o sol e as estrelas. Já o sentimentalismo, que leva a perpetuar uma situação infeliz, é danoso e precisa ser evitado. Decorre da nossa tendência masoquista e da educação da mulher, que, ainda hoje, a predispõe ao sacrifício de si mesma. Vá em frente e marque a conversa com o namorado. Até porque esta é a única saída. O futuro não depende só de você, mas ele está nas suas mãos. E, como diz o adágio popular, quem não arrisca não petisca. Melhor não ter conseguido o que a gente queria do que não ter sequer tentado conseguir.

O AMOR DESABROCHA COM AS PALAVRAS

Tenho 48 anos, sou divorciada e mãe de três filhos (20, 15 e 12). Há sete anos, tenho um relacionamento com um homem casado que parece resultar de uma conspiração — a do estranho cupido das salas de bate-papo virtual.

Eu o amo muito, mas morro de ciúme da mulher com quem ele é casado e vive. Não sou capaz de fazer qualquer movimento para o encurralar, mas gostaria muito que ele tivesse coragem de sair do casamento. Mulher nenhuma fica bem na situação em que eu me encontro.

Ele é meigo, terno, tudo de bom. Entre as suas qualidades, está a discrição. Não fala mal da esposa para justificar a própria conduta. Refere-se a ela como a uma boa amiga e me contou que ela cuida da filha única dos dois — hoje, com 18 anos. Colhi esta informação a fórceps num desentendimento entre nós. Na ocasião, ele inclusive quis me contar a história toda deles. Não deixei que fizesse isso, com medo de ele se envergonhar depois.

O fato é que ele está no casamento atual há 24 anos... Tempo demais para ficar preso ao que não está bom. Já disse a ele que não quero estar por perto nas bodas de prata. À luz fria da razão, percebo que a melhor saída seria a porta da rua, porém tenho horror de ficar sozinha. Como abrir mão do carinho, da paixão que ainda existe? Sete anos depois do encontro. Estou descompensada, precisando de uma luz verdadeira.

Quando o sentimento amoroso é contrário à gente, parece conspiração. O homem que você "ama" te faz penar. Por isso, ao se referir a ele, você usa o verbo *encurralar*, que remete ao curral, o lugar onde a gente prende o gado. Você ama mesmo este homem, que, na sua fantasia, pode ser encurralado como um animal? Gosta da meiguice, da ternura, da discrição, porém fundamentalmente não aguenta a conduta dele em relação ao casamento e a você. Noutras palavras, você "ama" o homem que ele deveria ser e não o que ele de fato é.

Não quer mais saber do triângulo, ainda que a clandestinidade possa ser o suporte da longa paixão de vocês. Na situação de hoje, vive contrariada e se diz que "a porta da rua", a separação, seria a melhor saída. Só não se separa porque tem medo de ficar sozinha. Mas, na realidade, já está sozinha, porque entre vocês não há acordo. E o desacordo é tal que você precisa se valer do "fórceps" para ficar sabendo da vida dele.

O verdadeiro amor nasce de um acordo tácito entre os amantes e depois desabrocha continuamente, graças ao entendimento que nasce das palavras. Isso significa que ele se produz e se reproduz, não para de se renovar. A delicadeza é a sua principal característica, porque um amante aposta na liberdade do outro. Voa junto, mesmo quando isso implica a separação.

O AMIGO NÃO TRAI

Quando adolescente, tive um namorado que eu julgava ser o amor da minha vida. Como eu tinha medo do sentimento exagerado, terminei o namoro algumas vezes, apesar de ser correspondida. Fui covardemente traída. Ele e minha melhor amiga saíram para uma sessão de sacanagem, cujos detalhes eu infelizmente fiquei sabendo. Como era muito jovem e não me permitia transar, a traição me afetou muito e eu tive uma depressão que durou anos.

Hoje, sou bem casada, não penso no assunto, mas volta e meia eu sonho com o ex-namorado. Sempre aparece em posição de superioridade, como alguém inatingível. Um fantasma que me ronda. Gostaria de entender isso. Por que eu me sinto inferiorizada assim? Por que eu acordo com medo de alguém que está tão distante? Como se o ex-namorado pudesse ainda me abandonar e me machucar.

Sei que me apaixonei pelo meu próprio sentimento, pelo meu amor...

O namoro é correspondido, mas você dá o fora no rapaz e ele dá o troco, te sacaneando com sua melhor amiga. Ou seja, você perde um namorado perverso e uma amiga que de amiga não tinha nada. Porém se deprime — e muito. Depois, sonha repetidamente com esse namorado que te abandonou e aparece no sonho como alguém inatingível, superior.

Como não pensar que ele está no lugar do seu pai? E que o triângulo constituído por você, pelo namorado e pela amiga está no lugar do triângulo constituído por você, pelo seu pai e pela sua mãe? Agora, a razão do sonho, você só pode conhecer através da interpretação dele, que implica a associação livre e pode ser feita numa análise.

Para entender melhor o que eu estou dizendo, recomendo a leitura de um dos grandes livros de Freud, *A interpretação dos sonhos*, datado de 1900. Contrariamente aos seus contemporâneos, ele valorizou as crenças antigas, considerando que a advinhação pela interpretação dos sonhos, oniromancia, tinha um fundamento de verdade. A partir daí, passou a estudar a vida onírica, apresentando os fatos que analisava com uma exatidão escrupulosa, exigindo de si mesmo o rigor próprio à ciência do seu tempo.

Graças ao estudo sistemático, Freud concluiu que o material do sonho propriamente dito — o conteúdo manifesto — não tem interesse; é constituído em geral por um conjunto incoerente de imagens insignificantes ou absurdas. O que conta é a significação implícita no conteúdo manifesto, o chamado "conteúdo latente", ao qual só é possível ter acesso com uma chave apropriada. A chave que ele nos entregou com *A interpretação do sonhos*.

Você está às voltas com o conteúdo manifesto do seu sonho. Se quiser entendê-lo verdadeiramente, precisa passar para o conteúdo latente e isso implica fazer um trabalho consigo mesma. Um trabalho com o qual você só tem a ganhar. Quem se debruça sobre a própria história tem mais recursos para viver.

O CAMINHO DO MEIO É O MELHOR

Tenho um irmão três anos mais velho que eu. Sempre fomos muito ligados e companheiros. Um dia, quando eu tinha 13 anos, ele propôs que nos beijássemos "como namorados". Concordei e nós nos beijamos algumas vezes. De minha parte, por curiosidade. Nada aconteceu além disso, mas este fato me marcou de forma estranha. Quando cresci e conheci outras pessoas, meu irmão se tornou muito ciumento e passou a me controlar com a justificativa de me proteger.

Um dia, ele me surpreendeu tendo intimidade com um namorado. Ficou possesso e me denunciou. Contou para o meu pai, que sempre foi muito severo. Fui duramente castigada. A partir daí, minha vida se tornou um inferno. Só recuperei meu equilíbrio alguns anos depois, ao me casar. Sou feliz no casamento, porém meu relacionamento com meu irmão não se recuperou. Continuo muito ligada a ele, só que o nosso contato é difícil. Os outros notam isso. Inclusive o meu marido, que não sabe de nada e se dá muito bem com ele. Às vezes, eu me sinto doente e anormal.

A sua frase "De minha parte, por curiosidade" me chamou a atenção. Por que será que você a escreveu? Acaso quis dar a entender que não sentia nada ao beijar e portanto este ato nada significava para você? Até pode ser, mas o beijo deve ter tido um significado importante para o seu irmão. Consciente ou inconscientemente, ele te quis como mulher, não perdoou a sua intimidade com outro homem e se vingou.

Seja como for, ninguém pode infringir a lei da proibição do incesto, que diz respeito à relação sexual entre pais e filhos e entre irmãos. Em todas as sociedades conhecidas, o incesto é proibido e a infração à regra, severamente punida. Trata-se de uma regra universal, através da qual se dá a passagem da natureza à cultura.

Acho que, para superar o problema com seu irmão, vocês dois precisam falar seriamente do que aconteceu no passado. Com a palavra, a gente sempre encontra uma porta de saída. Porque ela muda a realidade vivida. Trata-se do melhor antídoto contra o sofrimento humano. Por isso, o bom médico é aquele que sabe o que diz.

Se for difícil falar com o seu irmão numa conversa a dois, vocês podem recorrer a um especialista, que, além de testemunhar a conversa, saiba orientá-los no sentido de conquistar a verdadeira fraternidade. Para tanto, é preciso abrir mão da paixão do amor ou do ódio, na qual vocês decerto foram educados por um pai "muito severo".

A educação requer a severidade, desde que ela não seja excessiva. Do contrário, o resultado é a transgressão. O pai "muito severo" não exerce corretamente a função da paternidade. Não só não ensina a respeitar a lei como induz os filhos a desrespeitá-la. É possível que você e o seu irmão tenham caído nas malhas da rigidez paterna. Na educação, como na vida, o caminho do meio é sempre o melhor.

NINGUÉM É OBRIGADO A TER PARCEIRO

Ao ler suas respostas, me ocorreu uma questão que eu não quero calar. Tenho 45 anos. Comecei uma análise há nove e fiquei em análise durante sete anos, que foram maravilhosos. Precisei parar por questões financeiras.

Minha analista é muito boa e eu tive uma mudança qualitativa enorme nas minhas relações, mas há nove anos eu não consigo (ou não desejo) me relacionar com homem nenhum. Me sinto muito bem, íntegra e feliz. Sempre penso que encontrar alguém faz parte do processo da vida e não me esforço para isso acontecer. Pensar e agir assim é normal?

Se você parou a análise por questões financeiras, você não terminou. Ou melhor, não chegou até onde podia. Portanto, é possível reconsiderar a volta. Mas não é o caso de voltar apenas pelo fato de você não se esforçar para encontrar um parceiro.

Ter um parceiro não é uma obrigação, embora as mulheres ainda sejam educadas para o casamento. Recentemente, assisti a uma comédia americana, *Sex and the City*, o filme dirigido por Michael Patrick King, que me agradou, porque mostra o quanto ainda somos vítimas da educação antiga.

No filme, a jornalista Carrie é amante, há dez anos, de um homem de negócios, Big. Influenciada pelas amigas, ela propõe o casamento e ele aceita. Sabendo do fato, a revista *Vogue* pede à futura esposa que seja a modelo de um número especial dedicado ao casamento, deixando-se fotografar com diferentes vestidos de noiva. Carrie, que pretendia se casar com uma roupa simples, hesita, porém aceita o convite. As consequências são nefastas. Encantada consigo mesma e tomada pelo gosto da representação, ela organiza uma festa nababesca e se esquece do noivo. Na hora H, temendo não ser amado, Big não aparece e Carrie enraivecida rompe "para sempre". Ou seja, até a reconciliação, que coincide com o reconhecimento de que só o amor importa verdadeiramente.

E o amor não acontece porque a pessoa se esforça. Muito pelo contrário, ele surpreende. Você talvez não deseje ser surpreendida por um homem. Isso não é problema, desde que você não viva evitando a surpresa, pois é através dela que nós nos renovamos.

É possível que Picasso tenha vivido mais de 90 anos em boa forma por ter se deixado surpreender a vida inteira pelo próprio trabalho, ter se entregado continuamente às suas experiências artísticas. Apropriou-se da arte grega, da escultura pré-romana e das artes primitivas para reinventar a própria arte e se renovar. Depois, rompeu com a representação realista da forma humana e criou o cubismo. Sua obra foi a maior empresa de destruição e criação de formas da nossa época — e pelas suas tantas transfigurações.

EM
MATÉRIA
DE SEXO
NÃO
EXISTE
CERTO NEM
ERRADO

Eu e meu noivo estamos juntos há oito anos. Nós nos damos muito bem, temos projetos em comum, partilhamos a vida com alegria e esperança. Somos diferentes de todos os nossos amigos e parentes, porque gostamos de sair com outros casais, mulheres e homens. Ele gosta de me ver com outros e outras e nós eventualmente trocamos de parceiros quando saímos com casais. Somos muito felizes assim, nunca brigamos. Sabemos dividir nosso tempo entre a vida a dois e as nossas aventuras.

No entanto, vivo sobressaltada por causa dessa vida dupla, oprimida pela normalidade dos amigos e da família. Recentemente, li o artigo de um psicólogo para quem o nosso estilo de vida é uma forma de fugir dos compromissos ou de infantilidade. Fiquei mais angustiada ainda. Fico esperando a hora em que tudo vai dar errado. Gostaria que você me dissesse o que pensa.

O seu estilo de vida é o de muitos libertinos. Não há nele nada de irresponsável ou de infantil. Você e o seu noivo são responsáveis em relação ao vosso desejo, cuja realização em princípio não faria mal a ninguém. Escrevi *em princípio* porque você não suporta a transgressão. Se deixa culpabilizar pela normalidade alheia e depois, para não arcar com a culpa, vive à espera do fim do noivado.

Já são oito anos que você se exercita com o noivo na libertinagem. Portanto, não vai abrir mão do gozo que ela propicia e não tem por quê. Só resta descobrir a razão da culpa para superá-la. A saída, hoje, é a porta do consultório do analista.

A menos que seja a leitura dos grandes clássicos libertinos. Como *A história da minha vida*, de Casanova, um mestre da sedução que nunca se serviu do amor para dominar o outro. Sua sensualidade não era incompatível com uma certa moral do sentimento e ele só violava as convenções estabelecidas a contragosto. Para seduzir, improvisava, deixando-se inspirar por um grande otimismo e um gosto ilimitado da felicidade.

A libertinagem dele nada tem a ver com a do herói do romance libertino francês, que se serve do amor para realizar a sua fantasia sexual, às custas da parceira. Este herói faz da inconstância uma meta, só procura o prazer dos sentidos e a satisfação da própria vaidade. Um bom exemplo é Valmont, personagem de *As ligações perigosas*, de Choderlos de Laclos.

Tanto Casanova quanto Valmont inspiraram grandes cineastas. O primeiro inspirou Fellini e o segundo, Milos Forman. Isso aconteceu porque a libertinagem é um grande tema. A sexualidade é vital e o libertino a exalta.

O AMANTE SABE ESPERAR

Há dois meses eu me relaciono com um homem através da internet. Já trocamos telefone e endereço. Ele é muito inteligente, tem cultura e isso me atrai. No entanto, estou assustada, porque ele parece viciado em sexo. Mal me dá bom-dia e já quer transar virtualmente. Tem mais de 50 anos e mora sozinho. Segundo ele, já teve uma situação econômica estável, porém hoje vive com dificuldade. Quando digo que ele é tarado, fica extremamente irritado. Mas confesso que nunca vi nada igual.

Sou viúva, quero refazer a minha vida e ele diz que também quer. Só que eu tenho medo de se tratar de um maníaco... Há algum meio de descobrir isso através do diálogo? O que fazer? Eu gosto desse homem, que, além de tudo, mora noutro estado.

Por favor me responda, estou vivendo essa situação sozinha!

Você tem medo de que o parceiro seja um maníaco sexual e a transa pela internet mostra que o sexo, no caso dele, é compulsivo. Por isso, você está assustada. Sexo só é bom quando não é obrigatório e a vida só vale a pena com liberdade. O risco que você corre é o de uma contínua submissão.

Ademais, você desconfia do que ele diz. Só por isso, usa a expressão *segundo ele*. O parceiro é inteligente e culto, mas não sabe se conter sexualmente e não é confiável. Nessas condições, a vida a dois pode se tornar um martírio.

Melhor só do que mal acompanhada. Há mil e uma maneiras de resolver a solidão. Entre elas, conviver bem consigo mesmo. Isso a gente aprende se liberando dos mitos relativos à felicidade, como, por exemplo, o de que a existência só pode ser feliz a dois. Refazer a sua vida não significa casar de novo, mas ter com você própria uma relação diferente, que te levará ou não ao casamento.

O amor implica a contenção e não se confunde com o sexo. Graças à internet, a carta foi substituída pelo e-mail, cuja transmissão é imediata e não requer intermediários. Agora, o e-mail de amor é delicado. O amante se vale dele para mostrar ao amado que sabe esperar, fazer o necessário para contentá-lo. Pode inclusive escrever: "Você ontem me deixou à espera, mas também por isso eu te amo". Noutras palavras, a internet modificou a nossa vida sem ter modificado o sentimento amoroso para o qual ela abriu possibilidades de expressão novas.

Por fim, para quem não nasceu ontem, o e-mail permite conhecer até certo ponto o interlocutor. Pois, queira ou não, o sujeito se revela através das palavras. Verdade que pode haver engano e, existindo dúvida, o bom é passar do virtual para o real. Sei de ciberlovers que se separaram depois de um encontro real e de outros que se casaram com o propósito de ser felizes para todo o sempre.

O ANALISTA ESCUTA PARA QUE O ANALISANDO POSSA SE ESCUTAR

Há alguns meses, escrevi um e-mail e você gentilmente me respondeu numa das suas colunas. Sugeria que eu procurasse um analista e foi o que eu fiz.

O analista tinha publicações consistentes e era simpático. Fiquei rapidamente muito ligada a ele, que, aliás, incentivou isso. Um dia, eu vi um distintivo do meu time em cima da mesa e quis conversar sobre o assunto. Respondeu simplesmente que havia esquecido o distintivo depois de jogar botão com um dos seus pacientes jovens.

Minha relação com o analista me livrou da depressão pelo encantamento que causou. Quando eu expus isso, ele me disse que achava melhor interromper o tratamento. Acho que fiz uma escolha errada, mas ela me mostrou o perigo do encantamento quando não conhecemos o outro bem. Acho que, depois dessa análise, nunca mais.

Você escolheu um analista pelos livros que ele escreveu e pela simpatia que ele despertou. O profissional em questão soube fazer você ficar ligada a ele. Sem esta ligação, cujo nome técnico é *transferência*, não tem análise. Um dia, você quis conversar sobre o seu time e ele desconversou. Com razão, porque a função dele não era conversar com a analisanda, e sim dar a ela condições para trabalhar bem, ou seja, associar livremente e decifrar o próprio inconsciente.

Há várias analogias entre o analista e o amigo. Tanto um quanto outro evita a luta de prestígio e escuta, porém a escuta de um não é semelhante à do outro e a finalidade das duas é diferente. O analista escuta para que o analisando possa se surpreender, escutar o que diz e encontrar uma saída nova para si. Não se envolve com ele porque a neutralidade é a condição da sua eficiência. O amigo ajuda como pode, sofre e se alegra junto. A relação é de outra natureza.

Você diz que se livrou da depressão pelo encantamento. Livrar-se da depressão sempre é bom. Mas a via do encantamento não é a mais segura. Para superar a depressão verdadeiramente é preciso descobrir a sua causa, e, com a interrupção da análise, isso se tornou impossível.

A razão da interrupção me escapa. De duas uma. Ou o analista se encantou por você e não se sentia mais em condições de ser neutro ou achou que você fazia mau uso da análise e não quis mais gastar o latim dele com você. No primeiro caso, por ter se deixado seduzir, ele falhou. No segundo, procedeu como devia, impedindo que você se servisse da sessão para continuar na ignorância.

Não foi por acaso que Lacan insistiu na sessão curta, que precipita a fala e obriga a dizer o essencial. Isso custou a ele a expulsão da Sociedade Internacional de Psicanálise, mas propiciou, aos que aceitaram a sua proposta, descobertas relevantes em relação à própria história.

SEM O MASOQUISTA O SÁDICO NÃO TEM VEZ

Tenho 29 anos e minha irmã tem 22. Minha mãe tratava ela bem e me tratava mal. As duas sempre foram unidas e, com o tempo, eu fui pegando raiva delas.

A maioria das pessoas diz que minha irmã é muito mais bonita do que eu. Essa comparação também me deixa com raiva. Existe uma disputa entre nós. Sofro com isso. Primeiro, porque acho vergonhoso. Segundo, porque quero me sentir livre. Gostaria de não me sentir ameaçada pela minha própria irmã, só ter amor por ela.

Mas tudo se passa como se ela tivesse nascido para ser modelo, porque ela é mesmo bonita. Modelo ou patroa e eu empregada, faxineira. Não quero desmerecer estas duas profissões com a minha comparação e só estou enviando este e-mail a você por existir a garantia do anonimato.

Ao ler você, eu pensei na Cinderela, que é perseguida pela madrasta e pelas irmãs e relegada à faxina. O nome da heroína em francês, língua em que Charles Perrault escreveu o conto, é *Cendrillon*, que deriva de *cendres*, cinzas. *Cendrillon* é assim chamada porque ficava sentada num canto da chaminé, em cima das cinzas. No conto, como você sabe, graças a uma fada madrinha, Cinderela vai lindamente vestida a um baile onde ela encontra o príncipe com quem se casa. Trata-se de uma história triste que termina bem — e, como diz um provérbio francês, "tudo que termina bem é bom".

O que fazer para que a sua história termine bem? Detendo-me no seu e-mail, vejo que a palavra *raiva* se repete. Para se liberar, você tem que se livrar da paixão do ódio, à qual você se apega porque existe um gozo nesse apego. Um gozo masoquista.

Sua mãe foi injusta com você te tratando mal, e a natureza, que nunca é justa, também foi, dando mais beleza à sua irmã. Mas e daí? Vai ficar se remoendo porque sua mãe errou e você não é tão bonita, segundo os critérios da moda? Nem todo mundo nasceu para ser Gisele Bündchen e a beleza, através da qual ela chegou ao sucesso, está datada. A que dura a vida inteira é a beleza da alma, que você pode conquistar se livrando da paixão do ódio e da ignorância, duas paixões profundamente relacionadas.

No momento em que sair da posição em que você está, a sua relação com a sua irmã muda e automaticamente muda a que você tem com sua mãe. Ela não terá mais como se exercitar no sadismo (consciente ou inconsciente) de tratar uma das filhas mal. Porque, sem o masoquista, o sádico não tem vez.

A vida nos escapa, mas só até certo ponto. Nós temos a faculdade da inteligência para controlar o sentimento. E, quando não é possível encontrar a saída sozinho, a gente vai ao analista, que não tem vara de condão como a fada madrinha da Cinderela, porém ajuda a reorientar a vida.

NADA
É
PIOR DO
QUE SE
DESVALORIZAR

Tenho 28 anos. Sou formada e fiz pós-graduação, mas sou insegura na carreira. Não acredito na minha capacidade. Sempre me acho a pior, não valorizo o que faço e, consequentemente, os outros também não. Morro de medo que "descubram que não sou tão inteligente como acham que sou". O resultado é que não sou feliz no meu trabalho, embora tenha perspectivas de crescer, mudar de empresa etc. Me sinto culpada por não ter conseguido um "bom trabalho", apesar do esforço contínuo para me qualificar.

Minha vida sentimental reflete minha insegurança. Me acho a pior das mulheres, a mais feia, a menos inteligente, incapaz de conquistar um homem e fazê-lo feliz. Perdi a virgindade aos 26 anos com um babaca. Apesar de sempre querer viver um amor de verdade, nunca deixava um homem se aproximar. Há três meses, conheci um cara legal, inteligente e sensível, exatamente o que eu esperava. Mas não consigo me soltar, me sentir inteligente, bonita, atraente, meiga como ele acha que eu sou. Tenho medo de ele descobrir que não sou nada disso e ir embora. Nossa relação não vai nada bem.

Sempre achei que não poderia ter um bom trabalho e um amor de verdade, que seria um ou outro. Nunca tive nenhum dos dois. Só o que tenho é medo, vergonha e um sentimento de incapacidade.

Terrível se desautorizar o tempo todo. Você precisa descobrir urgentemente por que isso te acontece. O que me chamou atenção no seu e-mail foram as aspas que você usa. Será que você pontua o texto assim porque está se citando? Ou será que inconscientemente você está citando alguma outra pessoa que, na infância, por um lado, te desautorizava, dando a entender que você era menos do que supunha, e, por outro lado, te culpabilizava, exigindo provas de bom desempenho? Você padece de uma desautorização que tem uma história e você pode vir a conhecê-la, se rememorar o passado e for devidamente escutada.

Além de se desacreditar como profissional, você se desvaloriza como mulher. Claro que a relação com o namorado não pode ir bem. Ninguém pode ser amado quando não se ama, pois, nessas circunstâncias, o amor do amante não é crível. A pessoa se pergunta como é possível que o amante ame alguém tão sem valor.

Portanto, o primeiro passo é você entrar em acordo consigo mesma para se livrar dos sentimentos que te oprimem e tornam a sua realização impossível. A via indicada é a análise, que permite descobrir a causa da sua história atual. Quando você encontrar o elo entre o passado e o presente, a vida muda, e, para isso, vale a pena pagar o mais alto preço. Você é jovem, mas não deve desperdiçar um só minuto na conquista do bem-estar. E você tem condições para chegar a ele, pois é capaz de equacionar o problema com clareza. O seu e-mail é a prova disso.

AMOR É AMOR

Adoro a coluna do Consultório Sentimental. Venho, através deste, contar de forma sucinta a minha situação para vossa apreciação e consequente ajuda. Desde já, agradeço a atenção.

Tenho 28 anos e sou acadêmica de Direito. Minha família é de classe média, bem religiosa e conservadora. Desde 2005, quando saí do meu último emprego, trabalho como garota de programa, saindo com empresários e pessoas da alta sociedade. Me submeti a esse tipo de situação porque a família não tem condições de pagar o meu curso universitário, que será o feito mais importante da minha vida.

Isso posto, depois de três anos "no ramo", não consigo mais ter prazer sexual — inclusive quando não se trata de um cliente — e a ideia de casamento me causa arrepios, por causa das desculpas esfarrapadas dos maridos para suas esposas. Já busquei ajuda de um psicólogo e uma sexóloga, mas até agora nada funcionou...

Quem lê o primeiro parágrafo do seu e-mail tem a sensação de que foi escrito por duas pessoas diferentes. O estilo da primeira frase é coloquial. O estilo do que se segue é o de uma carta oficial. Daquelas que a gente envia para uma instância superior usando o pronome vós.

Já de saída, você mostra duas faces e faz pensar em Jano, um dos deuses mais poderosos do panteão romano, que tinha o dom da "dupla ciência", a do passado e a do futuro, e, por isso, era representado com dois rostos virados em sentidos contrários. Segundo Ovídio, Jano exerca o poder sobre a terra e sobre o céu.

A história que você conta, depois de se apresentar, ilustra a sua duplicidade. Trata-se de uma história de quem tem duas vidas. Uma de moça de família e outra de garota de programa. Você se justifica dizendo que se submeteu a esta condição para pagar os estudos. Será mesmo que não havia outra solução? Ou será que no papel de garota de programa você tem um gozo do qual não quer abrir mão? O gozo de quem tem um pé no inferno e o outro no céu da fantasia, é protagonista das cenas mais diversas, capaz de ser várias sendo uma, poderosa.

O prazer sexual é incompatível com o trabalho no ramo em que você está e você talvez precise mudar de ramo para voltar a ter prazer. Porque, na cama, você é uma só. A razão da sua duplicidade eu ignoro. Mas sei que você precisa descobrir o porquê da sua vida de Jano para encontrar um caminho novo. Um caminho em que você não seja contrária a si mesma e no qual a sua experiência de hoje não será esquecida. Antes, servirá para iluminar as suas decisões e propiciar a experiência do amor, que não pode ser confundido com sexo ou casamento.

SOMOS MAIS DO QUE PENSAMOS

Tenho 21 anos e onicofagia, ou seja, eu roo as minhas unhas. Já tentei de tudo para deixar esse hábito: força de vontade, manicure toda semana, esmaltes com gosto desagradável e, por fim, uma terapia que me deixou decepcionada. O terapeuta achou que sou ansiosa e me indicou acupuntura, antidepressivo etc.

Estou no último ano da faculdade, envolvida com os trabalhos de conclusão do curso e os preparativos da festa de formatura. Também faço dois estágios, ou seja, vivo sempre sob pressão. Mas não me sinto ansiosa ou deprimida. Ao contrário, gosto muito da vida que tenho.

Não concordo com a ideia do terapeuta de que a minha compulsão se deve à ansiedade e eu preciso tomar remédios. Tenho a compulsão de roer unhas desde criança, quando a minha vida era tranquila, e o hábito é tão forte que mal percebo quando estou com a mão na boca. O que você pensa disso? Pode me ajudar a abandonar a mania de roer unhas?

Onicofagia. Nunca tinha escutado a palavra, embora passe a vida escutando, escrevendo e consultando o dicionário. Com o seu e-mail, descobri que roer unhas pode ser considerado um sintoma de ansiedade.

Mas entendo que você não esteja de acordo com essa ideia. Há quem roa até a adolescência pelo simples prazer de mordiscar as unhas e ranger os dentes. E, de repente, pare. Há quem continue a roer como você por não conseguir abrir mão do hábito. O problema não é roer ou não roer, e sim estar sujeita à compulsão de fazê-lo, não ter a liberdade de parar. O problema é você ter um comportamento que não deseja ter, é ser contrária a si mesma. E isso não deve se limitar à onicofagia. Provavelmente se manifesta de outras formas. Você precisa descobrir o que te impede de dizer *não* a você mesma e simplesmente parar. Claro que existe uma razão e você pode encontrá-la.

O *não* requer uma coragem sem a qual nós viveríamos entregues às nossas pulsões e a civilização não existiria. O viciado, por exemplo, é aquele que não pode se dizer *não*. Só não digo que ele prefere o vício à vida porque ele acredita que sem o vício não pode viver. Trata-se obviamente de uma ilusão.

Nós somos maiores do que nós mesmos, temos a capacidade de nos superar continuamente. Podemos ser tão fortes e generosos quanto fracos e mesquinhos. Você, que aos 21 anos já está no último ano da faculdade, pode ter suas fraquezas, mas é forte. Só precisa aprender a usar a força para conseguir o que deseja e não viver se contrariando. Para tanto precisará se debruçar sobre você mesma, terá que aprender mais sobre si, em suma, terá que se escutar. O primeiro passo é sempre este. Porque é através da palavra que nós existimos, nós que somos seres falantes, *falesseres*, como dizia Lacan.

INCESTO É LOUCURA SOLTA

Tenho 20 anos e sou gay não assumido. Meu irmão mais novo, que é bissexual, descobriu alguns filmes homoeróticos que eu tinha baixado da internet. A partir de então, ele, que nunca teve um bom relacionamento comigo, começou a se aproximar.

Na minha opinião, quer que eu o ajude a descobrir a sua sexualidade. No entanto, eu temo essa aproximação, pois acho que pode evoluir para o incesto. Indiretamente o meu irmão demonstrou que me acha atraente. O que eu faço?

O seu irmão, que é bissexual, se aproximou por se sentir identificado com você. Isso não quer dizer que ele queira a sua ajuda para descobrir a própria sexualidade. Que ideia! Trata-se do que a Psicanálise chama de *projeção*. Ou seja, você tem a fantasia de transar com seu irmão e projeta nele o desejo de transar com você, entregando-se a uma relação de tipo incestuoso.

Em todas as sociedades conhecidas, o incesto é interditado e a infração, punida. A interdição é uma lei universal, que se explica por uma função social. Proibindo o homem de se acasalar com uma mulher que seja uma parente próxima, esta se vê na contingência de entrar em comunicação com outras unidades familiares e se acasalar aí. Isso significa que a proibição é apenas o lado negativo de uma regra positiva, que institui a circulação e a troca entre as unidades sociais.

Noutras palavras, incesto não pode, é loucura solta. Se você não resistir à sua fantasia, vá procurar logo quem possa te ajudar a entender por que você não aceita o limite que a civilização impõe. Por que corre o risco de se prejudicar e estragar o futuro do seu irmão, que pode ser um aliado da sua vida inteira. Nem 20 anos ele tem! A fraternidade requer a contenção e você só perderá se realizar um desejo incestuoso. Perde os benefícios possíveis da fraternidade, que existe associada a dois outros grandes valores, a caridade e a solidariedade. Não é por acaso que a divisa da República francesa é: *Liberté, Égalité, Fraternité* (Liberdade, Igualdade, Fraternidade).

Nada será mais importante na sua vida do que a conquista da possibilidade de um amor fraterno verdadeiro. Digo isso porque hoje a sua sexualidade é contrária ao amor. Como se fosse necessário o homem se entregar às suas pulsões, como se devesse procurar satisfazê-las sempre. Este foi o limite do movimento de maio de 68, que confundia a liberdade com a realização da pulsão. O homem é livre na medida em que tanto pode se entregar a ela quanto recusá-la. E o que importa é ser livre e solidário. Quando a divisa das pessoas for esta, não haverá mais guerra. Por incrível que pareça, existe uma relação íntima entre a nossa história individual e a história coletiva, entre a nossa educação sentimental e o destino da humanidade. Por isso, o papel da mídia é fundamental. A ela cabe esta educação que nem a igreja — por causa dos dogmas — e nem a família — por causa do despreparo — podem dar.

A VIDA É UM QUEBRA-CABEÇA

Tenho 39 anos. Me casei aos 21 com uma mulher mais experiente, nove anos mais velha. Na época do namoro, ela ficou grávida do nosso primeiro filho e isso precipitou o casamento. Nunca tivemos um relacionamento muito bom. Aliás, nunca a amei e descobri que só me casei por causa da gravidez.

De lá pra cá, já se passaram 18 anos e nós tivemos mais um filho. Há dois anos, eu decidi me separar. Antes e depois da separação, tinha uma amante da minha idade pela qual me apaixonei, foi um relacionamento marcante. Não cheguei a conviver com a pessoa em questão. Fiquei três meses e meio morando sozinho e voltei para casa. Não consegui viver longe dos filhos, negligenciar a função de pai.

Hoje, minha esposa e eu não temos relacionamento afetivo/sexual nenhum. Não sei nem se ela tem ou não outra pessoa e não consigo encontrar alguém com quem possa me relacionar. Enfim, nós vivemos para manter a família.

A fim de me satisfazer sexualmente, me masturbo quase todos os dias. Ou saio à procura de profissionais. Acho que estou perdendo a melhor fase da minha vida sexual, mas não consigo tirar minha amante da cabeça. Ela diz que, se eu voltar, estará à minha espera. Só que eu já me testei. Os filhos são a minha vida, não consigo me separar.

Você se casa porque a sua esposa concebe o primeiro filho. Se separa dela e, apesar de gostar da amante, volta para casa por não ter como viver longe dos meninos. Eles são mesmo a sua vida, a sua alegria. Agora, por que é que você não pode ter os filhos e a amante se você está separado da mãe deles? Por que existe uma relação contraditória entre o amor por eles e o amor pela amante? Será por medo de contar a eles que a mulher da sua vida não é a mãe deles? Por medo de uma reação negativa? Ou será que você quer manter a família a qualquer preço?

Uma coisa é certa, os meninos sabem da separação real entre você e a sua esposa, do fosso existente entre vocês dois. Portanto, sabem que você vive dividido entre a casa e o que só a rua te propicia. Será que vale a pena adiar o momento de dizer a verdade? Que benefícios reais isso traz para cada um dos membros da atual família? Você terá que se debruçar sobre estas questões a fim de encontrar uma saída.

A vida, às vezes, é um quebra-cabeça e é sempre melhor solucioná-lo do que fazer de conta que ele não existe. Isso requer tempo e dedicação, mas não há por que não se dedicar a si mesmo e às pessoas que a gente ama. O tempo não será perdido. Será ganho. Se o quebra-cabeça for complicado demais para você, procure a ajuda de um amigo ou de um profissional capaz de te escutar e te fazer entender por que você se casou sem gostar e por que você se separou de quem você gosta. Ou seja, entender por que a sua relação com as mulheres é impossível.

SEPARAÇÃO IMPLICA DIPLOMACIA

Tenho 36 anos. Sou casado e tenho um filho de 3 anos. Minha esposa não gosta de sexo. Acho mesmo que jamais gostou, porém, como eu a amava, ia levando. Hoje, não a amo mais e inclusive já disse a ela.

Há um ano, encontrei a mulher que amo a ponto de querer abandonar minha esposa. Conheci-a no meu emprego e tenho uma enorme atração por ela. Adoro a sua maneira delicada de ser. Ela tem duas filhas e não vive bem com o marido. Antes de me conhecer, já estava se preparando para se separar. Agora, quer ficar comigo.

Tenho um bom emprego e também quero me separar para ficar com ela. Mas acho que, por um lado, vou ser feliz e, por outro, vou sofrer, porque minha esposa não me apoiará. Namoramos durante 12 anos e, nos cinco anos de casado, nunca a traí. Mas agora chega. Quero ser feliz e pouco me importa machucar uma pessoa que só me quer em casa como amigo. Vale a pena insistir na felicidade, mesmo que as consequências sejam desastrosas?

Você diz que sua esposa não quer a separação e também diz que pouco se importa com ela. Com esse discurso, consciente ou inconscientemente, você vai precipitar o litígio, o que é um erro. Dá muito mais trabalho se separar litigiosamente do que amigavelmente. Você deveria fazer tudo para não brigar. O trabalho que você não tiver agora, terá depois e em dobro. Além disso, a briga prejudicará o seu filho — e, supostamente, não é isso que você quer.

Você tem todo o direito de ser feliz e, para conseguir o máximo de felicidade, precisa convencer a sua esposa da necessidade da separação e negociar os termos com ela. O futuro está nas suas mãos, implica diplomacia. Como é possível que você seja tão sensível à delicadeza da sua nova mulher e tão brutal quando se refere à esposa? Isso decerto acontece porque você não perdoa o desinteresse sexual dela por você. Porém, esse fato, agora que você encontrou um novo amor, não tem mais o menor interesse. São águas passadas. Só mesmo por masoquismo você se apega a ele e dá vazão ao ódio que ele desperta.

Você vai virar a página, mas, para continuar a exercer a função paterna, tem que se acertar com a sua esposa. Também ela tem interesse nisso, porque o seu filho é pequeno, precisa muito de você. Quando há desacordo, as pessoas não se liberam de verdade, permanecem atreladas. Paradoxalmente, o acordo é fundamental na separação.

O fato de duas pessoas terem se amado um dia só deveria facilitar o entendimento quando a separação se impõe. Infelizmente, as pessoas tendem a passar do amor ao ódio, entregando-se à brutalidade em vez de se respeitar, valorizando o amor. A palavra *desacordo* é sinônimo de briga, conflito, discussão, desentendimento, ruptura, disparidade, incompatibilidade, oposição. Já a palavra *acordo* é sinônimo de comunhão, concerto, concórdia, fraternidade, harmonia, inteligência, paz, simpatia.

A SINCERIDADE VALE OURO

Tenho 36 anos e estou no ápice. Casamento estável, filha de quem me orgulho, emprego de sucesso e um amante que me realiza sexualmente. Mas sinto necessidade de rever essa fórmula por estar grávida. Trata-se de uma gravidez planejada com meu marido para darmos um irmão ou irmã à nossa filha.

O meu marido é um excelente pai, porém é incapaz de me oferecer afeto físico ou emocional. Estamos casados há dez anos e a nossa relação, hoje, é fria e distante. O sexo é raríssimo. Todos à minha volta me cortejam, exceto ele.

O relacionamento com meu amante é casual, com idas e vindas, segundo as nossas conveniências, sem pressão nem cobrança. Nossa atração física é explosiva e também temos uma boa sintonia intelectual. Conversamos horas a fio sobre assuntos diversos. Ele me ouve quando falo dos problemas que tenho em casa e me dá conselhos, embora deseje se manter à distância. Com isso, levanta a minha autoestima e compensa a indiferença com a qual sou tratada pelo meu marido. Apesar disso, gostaria de dar um tempo. Como propor isso? Devo ser sincera e direta? Devo esconder a gravidez e me distanciar por uns meses? Ou simplesmente desaparecer?

Sinceramente, não sei qual a maneira "moral" de resolver essa situação "imoral". Por favor, me aconselhe.

O seu e-mail me deixou perplexa pela sua frieza. Você se refere à sua vida como a uma fórmula, ao marido como alguém que só existe em função do projeto de fazer uma família e ao amante como alguém que pode ou não ser agendado.

Tudo você controla. Não é por acaso que o marido é frio e o amante não se envolve. Os dois homens te espelham.

Mas, neste espelhamento, você não está bem. A criança que se forma no seu ventre te arrebata, ela é a sua esperança de um amor verdadeiro e de um recomeço. Se separar do amante, nesse contexto, significa sair de uma situação em que você vive segundo as conveniências, sem poder se entregar realmente. Uma situação que você considera "imoral".

Entendo perfeitamente esse seu movimento novo, que é um movimento vital. Nada é mais gratificante do que se dedicar a um recém-nascido, dizer filho/a, ninar a criança. Transmitir a própria experiência, lembrando alguma canção de ninar: *Boa-noite, filho meu, hora agora de sonhar... Boa-noite, filho meu*. Transmitir a língua materna com o leite que escorre do seio. Ensinar o nome das coisas, dos seres da terra e do céu. Contar as lendas e as fábulas. Preparar a criança para o *eu te amo*, o *sem você eu não existo*, o *estando me faltas* ou *o não estando estás*.

No filho, você vai se espelhar de uma maneira nova, aprendendo o sentimento amoroso, que pode decepcionar, mas também pode justificar a vida. O que importa é isso — e é claro que é melhor se separar do seu tão simpático amante sendo sincera.

QUEM DESEJA O QUE PODE É LIVRE

Eu não amo ninguém, embora seja uma pessoa sensível. Os românticos me aborrecem. Mas, às vezes, eu me angustio por ser incapaz de me apaixonar. A angústia, no entanto, passa assim que eu me vejo diante de alguém que me atrai. Não fujo da atração, vou até o fim, pois o sexo me basta. Me esforço para achar a pessoa interessante e não consigo. Tento levar o namoro, porém o tédio toma conta de mim. Eu não amo ninguém. Acho que ninguém ama ninguém. As pessoas forçam a barra por medo da solidão. Será que nós somos todos egocêntricos?

O sexo te basta e o amor te entedia. Tudo bem. Sabendo ou não, a tradição à qual você pertence é a dos libertinos franceses, que sempre fizeram pouco do amor. Segundo Crebillon, escritor do século XVIII, o libertino se serve do amor para realizar sua fantasia sexual. Ele erige a inconstância em princípio e só se interessa pelo prazer. Não dá a menor importância ao sentimento na conquista amorosa. A sua única meta é seduzir as mulheres, romper depois com elas e tornar público esse triunfo. Para o libertino, nada se passa no segredo dos corações e nem deve ficar contido no espaço da alcova. A indiscrição é uma obrigação absoluta. Do ponto de vista dele, o espírito tem as suas leis, que não são as do coração, e as razões do coração diferem fundamentalmente das razões do corpo.

Já no século XVIII, ninguém era obrigado a amar. Mas por que você faz do seu desinteresse pelo amor uma regra e conclui que "ninguém ama ninguém", desqualificando um sentimento no qual a grande maioria das pessoas se reconhece? A sua frase é uma generalização análoga à que diz "homem nenhum presta" ou "entra de sola que mulher gosta de apanhar", como afirma uma personagem de Nelson Rodrigues. São formulações abstratas, que só servem para minar a relação entre as pessoas e os sexos. Podem figurar num romance ou numa peça de teatro, mas são nefastas na vida social. No mundo em que vivemos, não há lugar para elas.

A contenção no discurso é fundamental para que possamos virar um dia a página da violência. Cada uma das nossas palavras tem consequências para nós e para os outros. O melhor exemplo talvez seja o de uma lei alemã que proíbe dizer que o holocausto não aconteceu. Fiquei sabendo dessa lei em Berlim e tive grande admiração pelo povo alemão. Soube tirar uma verdadeira lição da guerra.

Nem tudo se pode dizer. Porque a palavra deixa a sua marca. Isso acaso significa que eu sou contra a liberdade de palavra? Obviamente não é disso que se trata, e sim de não confundir esta liberdade com o descontrole. Ser livre é fazer e dizer aquilo que a gente pode. O mais é puro excesso.

A IMPACIÊNCIA É CONTRÁRIA À CURA

Resolvi pedir a sua ajuda, pois me sinto impotente em relação ao meu filho, que passou a usar maconha e só quer estar com os amigos.

Sou separada, meu ex-marido mora em outro estado e não consegue negar nada para o menino, é incapaz de pôr limite. Já eu sempre fui muito severa e controladora.

O menino morou com o pai até os 11 anos. Quando descobrimos que estava fumando maconha, o pai brigou e ele veio morar na minha casa.

Meu filho não esconde nada de mim, se abre e promete não fumar mais maconha. Porém, não consegue cumprir a promessa. Tenho medo de pôr um limite, porque não quero que vá morar com o meu ex novamente. É sempre lá que ele tem as recaídas. Como posso ajudar, eu que me sinto tão fragilizada?

Normal que o seu menino, na idade dele, privilegie o convívio com os amigos. E não é por causa desse convívio que ele fuma ou não fuma. Seria bom conversar e descobrir por que a maconha o tenta. Há diferentes razões para isso. O uso da droga por uma pessoa é completamente diferente do uso da droga por outra. Há quem fume em determinadas ocasiões e tenha liberdade de não fumar e há quem seja escravo do vício. O problema sério é a escravidão.

O agravante, no caso do seu filho, é a falta de limite e a consequente incapacidade de cumprir a promessa de não fumar. Óbvio que você não deve pôr um limite que não será respeitado. Qualquer passo em falso pode comprometer a sua relação com ele. Toda diplomacia é pouca. Você tem que convencer o seu filho a fazer o que é melhor para ele e, para isso, precisa ser maneira. A situação é delicada e não adianta nada entrar de sola. Que tal procurar um analista a fim de descobrir como proceder?

O filho que você tem é o filho do homem com quem você se casou, é o legado de um desejo seu e você agora precisa lidar com isso. Ou seja, focalizar o passado para entender o presente e adquirir a qualificação necessária para agir. Pode se sair bem se usar a inteligência e se tiver paciência. Mesmo porque só esta é feita de esperança. A impaciência é contrária à cura, que não depende só da vontade.

Você, que sabe pôr limites, tem que pôr um limite no seu voluntarismo para não se fragilizar. Porque o pai do seu filho é frágil e o garoto precisa da sua força. Cada palavra e cada gesto são determinantes para chegar à meta, que é a de vencer o vício. Imensa tarefa, à qual você não tem como escapar e da qual sairá fortalecida. Quem galga a montanha sabe da própria força. Você só me escreveu porque está pronta para enfrentar a dificuldade.

GRAVIDEZ SÓ DE PROPÓSITO

Tenho quase 30 anos e uma filha de 12. Fiquei grávida aos 16, num daqueles escorregões que muita gente dá. Já na adolescência, eu não queria ter filhos. Pretendia focar a vida só na carreira. Mas assumi a responsabilidade da gravidez e batalhei para sustentar a minha filha. Me ocupei de todos os detalhes da sua vida, fui pai e mãe ao mesmo tempo. Quando ela completou 8 anos, saí da casa de minha mãe e passei a cuidar de tudo sozinha.

Hoje, estou completamente saturada. Não tenho mais um pingo de paciência com a menina. O mundo pode despencar que ela não toma iniciativa alguma. Às vezes, penso que não a amo mais. Não tenho mais vontade de educá-la. Detesto repetir coisas básicas como "vá escovar os dentes", "está na hora do banho" etc. Acho que estou estragando a vida dela, pois vivo falando que não faz nada direito e não será nada na vida.

No momento de muita raiva, chego a culpá-la por eu não ter um emprego melhor. Digo que abri mão de tudo pra ser mãe. Ela já me disse que não deveria ter nascido, porque me impediu de ser feliz. Acho que será uma adulta depressiva. Quando fica muito difícil, eu me pergunto se somos obrigados a amar nossos filhos. E, se eu não a amar mais, como posso continuar nessa relação?

Preciso te contar ainda que perdi o meu irmão, um verdadeiro anjo, 12 dias depois do nascimento da minha filha, e meu pai morreu um ano depois, deixando como "herança" uma outra mulher além da minha mãe. São acontecimentos que, até hoje, terapia nenhuma me fez superar...

Você se refere à gravidez como "um dos escorregões que muita gente dá", ou seja, como um acidente de percurso, um fato sem maior importância. Mas é precisamente este fato que determina a sua existência há anos, ou seja, durante a segunda metade da sua vida. Vale a pena, portanto, se debruçar sobre ele e se perguntar por que você escorregou, ou seja, foi irresponsável em relação a você mesma.

Digo isso por você estar sendo irresponsável de novo. Só uma mãe sádica diz para a filha que esta não será nada na vida. O seu discurso desautoriza e condena à infelicidade. Você está ciente disso, tanto que escreveu no seu e-mail: "ela será no mínimo uma adulta depressiva". E a sua irresponsabilidade não diz respeito só a ela. Diz respeito também a você, porque, depois de um grande empenho para criar a menina, você vai fracassar como mãe. Ninguém merece isso. Cuidado!

Que tal procurar um analista competente para saber o que explica o seu sadomasoquismo e se livrar dessa perversão que estraga a sua vida? Para deixar de escorregar e se repetir. Aliás, a sua filha não te escuta porque você não para de se repetir. Só diz "vá escovar os dentes" ou "está na hora do banho" destilando ódio, deixando a menina tão surda para você quanto você deve estar para ela.

Quanto à morte dos seus queridos, ela precisa e pode ser superada. A fim de que você possa respeitar e celebrar a vida dos vivos, a da sua mãe, a sua e a da sua filha. Tem um tempo para o luto e outro para a superação. Lamentar a infelicidade só atrai infelicidade. Espero que você consiga dar um basta nisso, fazendo um trabalho analítico sério.

O CIÚME SE AUTOENGENDRA

Tenho uma enteada de 2 anos com quem convivi durante um ano. Me apeguei muito a ela. O problema é que a mãe, por ciúmes, inventou que meu marido e eu maltratamos a menina e a afastou de nós. Fez isso com ajuda da mãe do meu marido. Eu e ele sentimos falta da garota e não sabemos como agir.

A questão é delicada. Você está às voltas com o ciúme de duas mulheres, a ex-mulher do seu marido e a mãe dele. As duas não suportam a relação de vocês e se aliaram, impedindo o convívio com a menina. Vingança, claro.

Cervantes diz que o ciúme é o tirano do reino do amor. Trata-se de um sentimento que nasce da fabulação e compromete a racionalidade; se autoengendra e frequentemente se associa à vingança. O exemplo clássico é Otelo, personagem de uma das tragédias de Shakespeare. Obcecado pela ideia de que Desdêmona o trai, ele a mata e se mata depois. Quem lê a peça, se dá conta do caráter paranoico do sentimento de Otelo, que tem mais a ver com o amor-próprio do que propriamente com o amor e, por isso, tem um desfecho funesto: assassinato e suicídio. Todo amor tem algo de narcísico, o ciúme é narcisismo puro.

Você e o seu marido podem tentar convencer a ex-esposa e a avó a procederem de uma forma diferente da atual, porém é improvável que tenham sucesso. Porque o ciúme é uma forma de delírio e, contra ele, os argumentos da razão nada podem. Agora, pela lei, o pai da menina tem direito a visitas regulamentadas e a lei pode ser usada a fim de que ele conviva de novo com a filha. Não havendo acordo entre ele e a mãe, o direito de visita será estabelecido judicialmente, contra a vontade dela. Trata-se de um direito inalienável, que só é recusado quando o genitor faz um mal comprovado ao filho.

Vale a pena recorrer à lei, não só porque você e o seu marido sentem falta da menina, mas ainda porque a ex-mulher, consciente ou inconscientemente, faz mal a ela. Ao privá-la do pai, impede que ele exerça a função paterna — de impor limites — e que a filha se beneficie disso. Noutras palavras, impede o pai de facilitar a aceitação da lei, tão necessária à vida quanto a realização do desejo.

O exercício da função paterna é fundamental no caso da sua enteada, porque a mãe faz pouco da lei, comporta-se mais como usurpadora do que mãe. Usurpa, nos vários sentidos do dicionário, ou seja: "apossando-se violentamente", "adquirindo com fraude", "alcançando sem direito" ou "exercendo indevidamente o poder". Para simplificar, ela tomou a menina à força e é normal que vocês reajam, recorrendo a um advogado e exigindo o que é de direito. Quanto antes melhor.

O AMOR NÃO EXISTE SEM A FALTA

Minha esposa saiu de casa simplesmente pelo fato de termos ido a uma churrascaria onde não havia o tipo de comida que ela queria. Passamos em outras churrascarias, mas não havia mesa disponível. Fomos embora para casa e, sem mais nem menos, ela me disse que ia embora no dia seguinte. Dito e feito.

Já faz 50 dias que saiu. No início, insisti que voltasse. A resposta era "eu te amo", só que ela não voltava. Agora, não peço mais. Nós saímos uma vez por semana e ficamos juntos.

Temos dois filhos que moram com ela. Sempre que não está se sentindo bem, recorre a mim. Gosto muito dela e minha vida amorosa está muito vazia. Quero uma orientação. Devo conversar mais para que ela volte ou tiro o meu time de campo? Agradeço desde já.

Sua esposa não se deixa culpabilizar facilmente. Ainda bem. Agora, é óbvio que não saiu de casa por não ter encontrado a comida na churrascaria onde vocês foram. Isso foi a gota d'água. Saiu porque estava insatisfeita e o fato de você atribuir a saída a um almoço que não deu certo denota a sua insensibilidade em relação a ela.

A sua esposa te ama, mas quer ser sua namorada. Por isso, fica com você uma vez por semana e não volta. O desejo dela é o desejo do amor e é legítimo. Que tal namorar mais um tempo para ver como fica? Dar a ela e a você a possibilidade de viver o sentimento amoroso plenamente? O cotidiano é contrário a ele, porque a certeza de que o outro está sempre por perto gera indiferença. A incerteza e a falta alimentam o amor, de que o casamento frequentemente faz pouco.

Entendo, no entanto, a sua decepção, pois as pessoas se casam para estar certas da presença do outro. Depois, vivem frustradas por terem a presença e não o amor, que precisa de manifestações que o casamento nem sempre propicia. Se o que você quer é um casamento tradicional, pode tirar o time de campo. Se estiver disposto a se renovar, aprendendo com a situação atual, empenhe-se em entender por que foi surpreendido pela sua esposa e o que cada um de vocês espera do futuro.

Há sempre duas maneiras de viver qualquer situação. Agindo como a gente imaginava anteriormente que devia agir ou procurando tirar uma lição da experiência e agindo em função disso. No primeiro caso, a gente tende a se repetir. No segundo, pode encontrar um caminho novo e se modificar.

Você tem tudo para recuperar a esposa desde que aceite a situação atual e tenha a paciência necessária para redirecionar a relação no sentido que deseja. Isso obviamente requer uma humildade com a qual você não está acostumado, porém não é impossível se você amar verdadeiramente. Pelo simples fato de que o amor torna inteligente.

QUEM GOSTA DE SOFRER NÃO SARA

Tenho 43 anos, sou gay e soropositivo. Ser gay não me causa nenhum problema profissional e nem pessoal, mas o fato de ser soropositivo, sim. A cada encontro amoroso, é difícil revelar a minha situação.

O problema, na realidade, é muito mais meu do que do outro. Só aconteceu uma vez de o outro não aceitar a relação amorosa por causa da soropositividade. Não aceitou e nós ficamos amigos.

Atualmente, hesito em contar a verdade, por medo de ser rejeitado, e acabo perdendo o namorado por outros motivos. Sempre dou um jeito de criar algum conflito para o namoro não ir adiante. A história não para de se repetir. Como num filme.

No século XIX, Oscar Wilde foi incriminado, preso e arruinado por ser homossexual. Foi preciso muita luta para que ser *gay* não causasse mais problema profissional e nem pessoal. O papel de André Gide nessa luta foi fundamental. O escritor teve a inteligência de tornar pública a sua homossexualidade para defender o direito dos homossexuais a serem como são. A repercussão social desse procedimento foi tamanha que, em 1947, Gide recebeu o Prêmio Nobel. Depois, houve maio de 1968 na Europa, um ano decisivo para acabar com a condenação moral aos homossexuais e levar à modificação das leis.

Quando a luta estava ganha, apareceu o vírus da Aids, nos ameaçando de doença e morte. Hoje, sabemos que a soropositividade pode não significar doença, mas no nosso imaginário aquela continua associada a esta e você é vítima dessa associação. Só receia contar a verdade porque teme que o outro faça a associação nefasta que você faz.

No caso da soropositividade, como no do câncer, o sujeito precisa, por um lado, analisar cada um dos seus juízos sobre a própria condição e, por outro, afastar o juízo que não esteja fundado na realidade. Pelo efeito depressivo, este pode se tornar danoso. O que impede o soropositivo ou o canceroso de ter sobre si mesmo uma visão objetiva e se opor eficazmente à doença é o gozo masoquista, um gozo que faz o sujeito se apegar à fantasia destrutiva.

Qualquer um que tenha contraído o vírus da Aids se beneficia — e muito — do trabalho analítico, como diz Alain Emmanuel Dreuilhe em *Corpo a corpo*, um livro de 1987 que continua atual. Você pode se valer da soropositividade para se curar da perversão masoquista e viver mais feliz. Noutras palavras, o problema físico pode te levar a uma cura subjetiva. Me permito dizer que você está com a faca e o queijo na mão se for capaz de se ajudar e de se deixar ajudar por quem sabe escutar. Vale a pena parar de se repetir e todo empenho nesse sentido é pouco. Porque a repetição mata e a vida não é um filme.

A ESCOLHA DO ANALISTA É DECISIVA

Tenho uma questão que me intriga desde que fiz terapia com um terapeuta que seguia os preceitos de Freud e não gostava de Lacan. Parei por causa da tal questão. Quero voltar à terapia pois me sentia bem, mas estou em dúvida.

A relação entre um terapeuta e um paciente pode ser tendenciosa sem ser prejudicial? O primeiro pode dizer ao segundo o que ele deve fazer nos seus relacionamentos? Algo do tipo: "Você com ele está correndo um risco. Se eu fosse você..."?

Também quero saber como escolher um terapeuta. Psiquiatra ou psicólogo? Qual a melhor "linha"? Freudianos, lacanianos, qual a diferença? Que tipo de personalidade combina mais com cada um?

Tanto a Psicanálise quanto a Psicoterapia se valem da palavra para atuar, mas é preciso distinguir uma da outra. A meta da primeira é fazer o sujeito saber do seu desejo, através da análise, e, mais que isso, assumir o desejo para mudar de vida. A cura do sintoma é uma consequência do trabalho analítico e pode ocorrer ou não. O analista não dá nenhuma garantia. Não deve, porque o resultado depende do analisando. Já na psicoterapia, a meta é curar o sintoma, exatamente como na terapia médica. A palavra *terapia* vem do grego *therapeia*, que significa tratamento.

Voltando à sua questão, a conduta do analista é diferente da conduta do psicoterapeuta. O primeiro escuta o analisando para que este possa se escutar e se reorientar. Não dá sugestão. O segundo, como o médico, pode se valer da sugestão. O risco é a dependência que ela provoca.

O fato de o analista ou psicoterapeuta ser médico ou psicólogo não tem a menor importância. O que interessa é a competência com a qual ele exerce a sua prática. Eu poderia dizer o mesmo em relação ao fato de o analista ser freudiano ou lacaniano se Lacan não tivesse introduzido na prática analítica recursos que a tornam mais eficaz, porque facilitam as manifestações do inconsciente.

Agora, entre um bom freudiano e um mau lacaniano, mais vale um bom freudiano. Isso significa que é preciso escolher o analista procurando saber como ele se formou, mas também o encontrando para saber como ele é no consultório e se existe afinidade.

NINGUÉM PODE TUDO

Tenho 29 anos e acabo de sair de uma relação turbulenta que durou dois anos, uma relação extremamente passional com uma garota de programa.

Conheci a garota e, pouco depois, estava apaixonado. Perdidamente, como nunca antes. No começo, ela não correspondia. Ainda fazia programas e tinha um namorado, que não sabia da prostituição. Passados alguns meses, ela parou com esse trabalho, acabou com o namorado e nós fomos morar juntos. Ela se dizia apaixonada por mim e parecia estar. Tinha um ciúme quase doentio, provavelmente um resquício da sua profissão, pois ela sabia do que os homens são capazes.

Há um mês, eu tive que ajudar minha ex-mulher numa causa judicial e ela surtou. Disse que estava sendo traída e foi embora sem mais nem menos. Parece que para ela foi tudo muito simples. Sempre tive certeza de que ela me amava, porém agora tenho minhas dúvidas. Sei que devo continuar a minha vida, mas não consigo. Porque eu a amo demais. O que fazer?

Por que foi que você se apaixonou perdidamente por uma garota de programa? A resposta parece estar na passagem "ela sabia do que os homens são capazes", uma frase que revela o medo dela, a fragilidade, e te coloca na posição dos homens bons, do protetor. Ao contrário dos outros, você não quis se aproveitar, tirou a moça da prostituição e se entregou de corpo e alma. Salvou, por assim dizer, e é possível que tenha se apaixonado por se sentir poderoso com isso. Tanto quanto a mãe se sente com o filho.

A sua garota te dava a certeza de ser o máximo e você também se ligou tanto a ela por isso, ou seja, por uma razão narcísica. Sei bem que o amante se espelha no amado, que há sempre algo de narcísico no amor. Mas, quando o narcisismo prevalece, o amado não suporta e vai embora. Como a heroína de *Pigmalião*, a peça que Bernard Shaw escreveu em 1912, uma sátira que conta a transformação de uma vendedora de flores numa duquesa, graças aos cuidados de um professor de fonética. Quem assistiu ou viu sua adaptação para o cinema, *My Fair Lady*, não se esquece. Esse é o melhor exemplo que eu conheço do narcisismo e da frustração do salvador.

O drama que você vive é universal e a literatura pode te iluminar. Como sempre iluminou os psicanalistas, sobretudo Freud, que se refere a ela ao longo da obra. Com a leitura de *Pigmalião*, você talvez possa aceitar a realidade dos fatos e mudar de posição subjetiva. Aceitar que nem tudo se pode.

DON JUAN DE SAIA TAMBÉM EXISTE

Sou casada há nove anos, mas tenho o ímpeto de conquistar outros homens. Vou me aproximando, fazendo charme, até conseguir. Um encontro e nada mais. Na verdade, não faço sexo com eles, só quero despertar o sentimento amoroso. Quero que fiquem atraídos por mim. Como se quisesse manter alguém "à minha espera" em caso de necessidade.

Tenho sofrido muito com isso. O último homem se apaixonou e eu não queria ficar com ele, só queria as declarações de amor. Agora, ele enfim se afastou, mas saiu muito machucado. Me sinto culpada.

Na verdade, quero ficar com meu marido e não consigo abrir mão da conquista. O desafio me tenta.

Don Juan é homem, mas podia ser mulher. A sua história mostra que o donjuanismo não tem sexo, é o comportamento de quem seduz para se afirmar.

Don Juan seduz pelo gosto de vencer a resistência. Faz o que for preciso "até conseguir", exatamente como você. Ele não ama nenhuma das belas. Amor, só por si mesmo. Todas servem para que se sinta vitorioso e todas são vencidas. Do ponto de vista dele, o fim justifica os meios. O amor para Don Juan é indissociável da guerra e é justo compará-lo a um general.

Verdade que ele quer sexo e você só quer o sentimento amoroso, mas, nos dois casos, a sedução está a serviço do narcisismo. A meta é suscitar a paixão para se saber amado.

O problema é que você não pode "abrir mão da conquista", ela é compulsiva. Conquistar é um imperativo a que você obedece por razões que eu desconheço. Um imperativo que te impede de ficar com o seu marido, como você deseja. Noutras palavras, você não é livre.

O seu verdadeiro desafio é a conquista da liberdade e, para tanto, precisa se livrar da compulsão a que está sujeita, descobrindo por que precisa se afirmar à maneira de Don Juan e por que não para de se repetir. Não para de ir à luta. Vive sempre tentada a caçar e abandonar a presa. Um contínuo desassossego.

A liberdade sexual depende da liberdade subjetiva que pode ser alcançada. Escrevo isso porque a gente não nasce livre, a gente se torna. Desde que aceite a existência do inconsciente e se disponha a decifrá-lo. A via é esta.

GOSTO E SEXO NÃO SE DISCUTEM

Sou transexual e, graças a Deus, vivo numa família que me apoia e cuja condição financeira é boa.

Faço faculdade, trabalho, saio com amigas, enfim, sou uma jovem de 22 anos "normal". Normal a meu ver, pois, quando ficam sabendo da minha condição, sempre rola surpresa, curiosidade ou preconceito.

Eu sei que a sociedade ainda não conhece a mulher transexual. Acaba generalizando e englobando no meio GLBT, porém a grande maioria de nós não se sente incluída nele. Não é um problema exclusivamente meu e, para solucioná-lo, leva tempo e não é simples.

Gostaria que você me ajudasse, pois o que eu busco e desejo é ser uma mulher como qualquer outra, estou cansada das reações que causo quando sou "descoberta". A sociedade precisa entender que somos humanas como todos e temos o direito de viver normalmente.

Existe o heterossexual do sexo masculino e feminino, o *gay*, a lésbica, o bissexual masculino e feminino, o travesti masculino e feminino, o transexual masculino e feminino. Só aí são dez possibilidades de realização sexual. Há outras, claro. Como a do homem com a cabra, objeto erótico valorizado na antiguidade greco-romana e representado em Pompeia.

No contexto da realidade, o "normal" — aquele que se realiza como heterossexual — é apenas um dos casos, ainda que o caminho dele seja o da maioria. O preconceito rola, porque a "anormalidade" ameaça o "normal". Particularmente quando se trata da mulher transexual. Porque ela desperta o horror inconsciente da castração. No imaginário das pessoas, foi vítima de uma mutilação, embora tenha sido objeto de uma intervenção cirúrgica desejada e consentida.

Agora, uma transexual não é mulher como qualquer outra, é diferente — pelo seu passado biológico. Enquanto você não aceitar a diferença, vai ser "descoberta". Por estar negando a verdade. Isso obviamente só reforça o preconceito, que não desaparece sem uma atitude da pessoa transexual. A mesma que o homossexual teve e tem. A luta pelos seus direitos começou há um século e não parou. Se você não viu *Milk*, o filme de Gus Van Sant, vá assistir.

A sociedade só vai entender que você é humana se o que você pensar e disser sobre você mesma servir para humanizá-la. Ou seja, para demovê-la da posição preconceituosa em que ela costuma ficar por causa da tendência à repetição. O recurso de que você dispõe é a palavra certa, aquela que esclarece e comove. Não é fácil, mas o caminho é esse.

SÓ DIZ *SIM* QUEM OUSA DIZER *NÃO*

Relutei muito antes de escrever este e-mail. Vergonha, talvez.

Estou com 31 anos, sou casada há dez com um homem maravilhoso, tenho um filho lindo e a vida que pedi a Deus, mas o sexo é péssimo. Não tenho vontade alguma. O problema já vem de anos e meu marido sofre com isso. Já troquei a pílula, já larguei a pílula, já experimentei testosterona e nada... a vontade não vem.

Meu pai, nos momentos de briga com minha mãe, dizia que ela era "uma geladeira", e eu me sinto assim. Será que os comentários dele entraram na minha cabeça para não sair mais? As expressões que ele usava para falar de sexo eram de dar nojo.

Meu marido é um homem paciente, porém a frustração dele é visível, especialmente quando tenta uma aproximação e eu me viro para o outro lado. Passamos meses sem nada. Queria sentir uma vontade louca de sexo. Existe algo que eu possa fazer?

Geladeira, o seu pai dizia para a sua mãe quando eles brigavam e você agora se sente como ela. Entrou no lugar que ela ocupava, o da mulher que não gosta de sexo. Isso é claro.

A sua história familiar me remete a Nelson Rodrigues. Em *Álbum de família*, Dona Senhorinha chama Tia Rute de sem-vergonha e esta responde que homem nenhum tocou nela. No universo da peça, que devia ser o dos seus pais, sexo é sinônimo de sem-vergonhice e a mulher deve resistir a toda investida, ser "uma geladeira". O sexo degrada e a mulher que goza é uma perdida. Se não se encolhe, é uma safada.

Até hoje, você se encolheu, agora não quer mais. A questão não é tomar ou não a pílula, ingerir ou não testosterona. Você precisa descobrir por que o discurso arcaico do seu pai e a reação da sua mãe calaram assim no seu espírito. Por que você ficou identificada com eles a ponto de não ter prazer sexual. Poderia ter desqualificado o machismo, que é um discurso fundado na inimizade entre os sexos, só gera infelicidade.

Noutras palavras, você precisa ousar o *não* aos ancestrais para dizer *sim* a você mesma e renascer, descobrindo o seu corpo. O que o seu marido maravilhoso quer é isso. Quer uma mulher que transa porque ama o próprio corpo e deseja acolher o outro. Quente por ter um sexo erotizado pelo amor e que adore transar.

O TEMPO DA ANÁLISE DEPENDE DO ANALISTA E DO ANALISANDO

Me envolvi com um homem que eu conheci num dia em que estava sozinha e com quem saí, já avisando que não desejava me relacionar seriamente. No começo, ele pareceu aceitar a proposta. Mas, com o tempo, fui deixando que ele me enredasse, eu e minha filha. Sempre que brigávamos, ele montava guarda em frente de casa e eu acabava cedendo.

Me sinto ameaçada. Porque ele não entende que eu não quero esta relação. Sempre que tento me afastar, minha consciência dói e eu me deixo manipular. Ele emagrece, me liga insistentemente, me acusa de egoísmo e, como ele foi bom em momentos difíceis, eu acabo cedendo. Parece uma doença.

Preciso de ajuda. Não quero ficar com ele e não consigo me livrar.

Ele "montava guarda", ou seja, ficava policiando. Você o afastava e ele não aceitava. Não dava ouvidos ao que você dizia e forçava a mão. Por que você acabava cedendo? Por que não tomava uma providência para realmente afastá-lo? Que relação tem a sua conduta com a sua história passada? Deve ter algo a ver com medo — pois você diz que se sente ameaçada. E deve ter algo a ver com a culpa — porque a sua consciência dói. Ouço a frase de um ancestral seu que poderia ter dito: "Se você se afastar, não conte mais comigo" ou "Se você se afastar, eu morro".

Você é presa de um discurso inconsciente que te determina e tira a sua liberdade. Para deixar de estar às voltas com a sua eterna dor de consciência, tem que dar ouvidos ao seu inconsciente. Procure um analista, porque nada é mais precioso do que ser livre — e esse é o melhor ensinamento que você pode dar à sua filha. A gente só transmite o que tem. E, ainda que fosse só por isso, a mãe tem que se cuidar.

Às vezes, não é preciso muito para sair de uma situação em que estamos amarrados, impossibilitados de agir. Embora a análise seja interminável, porque a vida nos surpreende continuamente, a análise não precisa ser longa. Tudo depende da escuta do analista e da disposição do analisando. Encontrando a pessoa certa, você alcança a sua meta e tira o time de campo.

Quando a gente sai da posição em que estava, querendo ou não, o outro também sai. Quando Lacan considerava que a sessão estava terminada, ele se levantava. Se o analisando continuasse deitado no divã, ele simplesmente saía da sala. Só restava ao analisando ir embora e aceitar o término da sessão indicado por Lacan, ou seja, a sua interpretação.

NENHUM TEMA É IRRELEVANTE

Será que o meu tema é tão irrelevante ou fim de fila assim? Vou mudar a formulação para ver se você me responde, se consigo te ouvir como consulente.

Em junho de 2008 foi sancionado o projeto de lei que institui a guarda compartilhada dos filhos de pais separados sempre que não há acordo entre eles ou o acerto é este.

Você acha que é possível respeitar alguém que é contra a guarda compartilhada quando os pais são adultos sadios e capazes de um acordo relativo a rotinas básicas? Possível respeitar quem opta por seu próprio umbigo em detrimento da realização dos filhos? Quem manipula vidas humanas por vingança? Sempre digo que o dia das mães é o dia da ilusão da onipotência.

Gostaria que você me ajudasse a entender os papéis paterno e materno na vida de uma criança.

Nenhum tema é irrelevante ou fim de fila. Mas o espaço do consultório sentimental é destinado a pessoas que se apresentam com uma história e uma questão pessoal. Você me escreveu mais de uma vez para saber o que eu penso da guarda compartilhada, porém nunca contou a sua história. Lógico que eu sou favorável à prática de compartilhar, sempre que é possível. Deixei isso claro em algumas colunas.

Estou respondendo agora ao seu e-mail porque, embora você não conte a sua história, ele deixa transparecer uma grande urgência de ter o seu ponto de vista aprovado aqui. De ouvir que os homens podem ser tão capacitados quanto as mulheres para se ocupar dos filhos. Que nenhum pai ou mãe responsável tem o direito de privar o filho do convívio com o cônjuge. Que a vingança não pode ser autorizada por se tratar de um sentimento destrutivo.

O seu ponto de vista é correto, porém isso não autoriza a desrespeitar quem discorda dele. O desrespeito prejudica os filhos, que não podem se opor à separação dos pais, mas têm o direito de gostar dos dois. Quem se separa precisa agir com delicadeza, dedos de luva.

Convencionalmente, o papel do pai é facilitar a aceitação da lei, sem a qual a socialização é impossível. No entanto, nada impede a mãe de fazer isso, desde que ela não viva na ilusão da onipotência. Porque, neste caso, ela não tem noção do limite e não pode facilitar nada. É a chamada "mãe fálica", caracteristicamente autoritária. Está sempre certa e tem orelha de eucatex.

TODOS SOMOS VULNERÁVEIS

Fiz análise na adolescência devido a um quadro depressivo. Sofri muito, mas me considerava curada. Agora, 15 anos depois, estou com medo de uma recaída, pois tive um episódio de síndrome do pânico, semelhante aos da adolescência.

Meus parentes, por parte de pai, têm depressão e tomam remédio. Minha irmã e minhas primas também. Nunca tomei, mas estou chegando à conclusão de que o mesmo mal vai me rondar a vida inteira. Estou amedrontada, não quero mais sofrer. Me pergunto se vou ser sempre analisanda ou paciente, viver sempre às voltas com o divã ou com a medicação. Que herança!

Aquiles foi o maior dos heróis gregos, sua glória atravessou os séculos. Era filho da deusa Tétis e de um mortal. Para tornar o filho também imortal, Tétis, de dia, o esfregava com ambrosia; de noite, primeiro o enfiava no fogo e, depois, nas águas do Styx. O corpo de Aquiles, com exceção do calcanhar, pelo qual a mãe o segurava, se tornou invulnerável. No entanto, flechado no calcanhar durante a guerra de Troia, ele morreu. Como a cultura grega é uma referência universal, a expressão *calcanhar de aquiles* se tornou sinônimo de ponto fraco em várias línguas.

Evoquei o mito para lembrar que nós, humanos, somos vulneráveis por definição. E que, se a depressão é o seu ponto fraco, você tem que lidar com ela em vez de lamentar a sorte. Pois, com a lamúria, você só agrava a dificuldade. Mas o que significa lidar com a depressão?

Por um lado, tomar o remédio se o psiquiatra indicar. Na dose certa, ele não só não faz mal como pode ensinar a recusar o estado depressivo. Quem tem que tomar e não toma deve procurar o psicanalista para entender o porquê. Há um preconceito relativo ao antidepressivo que é decorrente do nosso ideal de invulnerabilidade, do ideal subjacente ao super-homem e à supermulher.

Somos formados para recusar o que falha em nós e fazer pouco do que nos falta. No entanto, é a falha, a falta, que nos move. São elas que nos humanizam. O nosso drama pessoal nos torna mais sensíveis ao drama alheio, que, por sua vez, ilumina o primeiro. Sugiro que você procure conhecer melhor a história dos seus familiares que viveram ou vivem sujeitos à depressão. Um mal que, ao contrário de outros males hereditários, pode ser perfeitamente controlado.

QUEM AMA NÃO SUSTENTA O VÍCIO ALHEIO

Sou casada há nove anos com um homem que é um jogador compulsivo. O vício dele é dinheiro. Gasta o dele, o meu e o de quem mais puder. Há pouco mais de um ano, frequenta o Jogadores Anônimos.

Ele é um marido presente e um ótimo pai. Só que, por ser autônomo, passa meses sem ganhar nada. Me exaspero e digo que não aguento continuar na posição de mãe, sustentar a casa e comprar tudo de que ele precisa, pois não anda com dinheiro. Por um lado, porque não tem e, por outro, por causa do vício. Não consigo comprar um apartamento. Todos, na minha família, são contrários à minha conduta. Só que ele está se tratando e eu acredito que pode se recuperar. Temos uma criança pequena que idolatra o pai.

Às vezes, acho que não o amo mais, porém não consigo me ver sem ele. É insano achar que esse homem me dá segurança quando ele de fato não dá? Casei por amor e, desde que o conheci, eu o sustento por ele ser doente. Imaginava, no começo, que as circunstâncias o obrigavam a fazer dívidas e empréstimos. Sei hoje que não é isso. Como posso me ajudar?

Sua situação é dramática e comovente. Casou-se por amor e, desde então, sustenta o marido por causa do vício, do qual você não estava a par no dia do casamento. Acha que não o ama mais, porém não concebe a sua vida sem ele e nem a vida da sua criança. Mais que isso, acredita que ele vai se recuperar. O que é possível, claro.

No entanto, eu me pergunto se frequentar o Jogadores Anônimos basta. Quem não resiste a uma compulsão precisa entender o porquê. Será que nos Jogadores Anônimos ele pode chegar ao porquê? Uma análise deve permitir isso e pode ser associada ao tratamento atual.

Você diz que todos na sua família são contrários à sua conduta. Ouço-os dizer: "— Como é possível que você sustente esse homem há anos? Por causa dele, você não tem casa própria, ele não te dá segurança alguma. Por que você não se separa dele?".

Trata-se de um discurso que não te ajuda em nada, pois você não se concebe sem o seu marido. O que você precisa saber para se ajudar é por que você suportou e suporta a situação atual. E, em segundo lugar, precisa descobrir que tipo de segurança imaginária o seu marido te dá. Nem só de pão vive o homem.

Sugiro que você abra mão do apartamento e invista tudo o que tem em análise — para ele e para você — a fim de se ajudar. Porque ele é viciado no jogo e você, nele.

NINGUÉM PRECISA CONTINUAR CASADO

Tenho 38 anos. Sou casada há 13 e mãe de um filho de 12. Meu marido e eu estamos fazendo terapia de casal. A terapeuta percebeu todos os nossos problemas. Disse que precisa primeiro tratar da gente e depois do menino, que também está sofrendo.

Meu marido não entende nada do que eu falo. Então, fui falando cada vez menos. Temos problemas de comunicação e o sexo é péssimo. Eu fujo, fico o mais distante possível para não dar "ideias". Não era assim antes do casamento. Mas, depois que o meu filho nasceu e meu marido se mostrou imaturo em várias circunstâncias, fui me desinteressando do sexo com ele. Não entende que as preliminares começam com a gentileza cotidiana e o companheirismo. Tenho que explicar tudo o que diz respeito ao sentimento.

Quando ele quer sexo, se aproxima como uma criança manhosa, procurando colo. Com olhos pidões e um biquinho. Me pergunto se ele quer mulher ou mãe e fico sem vontade nenhuma. Gosto de sexo quente e, para não trair, fui me anulando como mulher. Tem horas que eu queria ter 65 anos — para não pensar mais no assunto.

Aos 38 anos você queria ter 65 para não pensar em sexo. Como se as mulheres de 65 não pensassem em sexo. Ninon de Lenclos, dama francesa do século XVII, que reunia no seu salão a sociedade libertina da época, recusou o último amante aos 80.

Mas o desejo que você expressa mostra o quanto o seu marido pidão bem como a ideia de traí-lo te repugnam. Como ele não entende nada do que você diz, você foi falando cada vez menos. A hipótese de uma separação pode ser aventada e a terapia de casal deve servir para considerar isso.

Se a meta desta terapia for salvar o casamento a qualquer preço, é porque ela tem um pacto com a repressão. Nada é mais contrário à felicidade. Ninguém é obrigado a ficar onde está. Você e o seu marido podem mudar de posição. Ou bem redescobrindo a possibilidade de ficarem juntos, o que depende de uma escuta nova, ou se separando se esta não ocorrer.

Um casal que não se comunica e não tem uma boa vida sexual, ou seja, que não se entende, acaba traumatizando os filhos. Melhor ter pais separados do que ser continuamente traumatizado. Ninguém precisa continuar casado porque se casou um dia. A cabeça das pessoas muda. E não há razão para não aceitar a mudança.

A VINGANÇA É UM SENTIMENTO ARCAICO

Há cerca de um ano, levei um fora de alguém que eu amava muito. Foi o meu primeiro amor. O rompimento não desestruturou apenas minha vida afetiva, mas a minha vida com um todo. Quase surtei. Aliás, surtei: abusei de drogas (lícitas e ilícitas), larguei trabalho, pós-graduação, casa e praticamente fugi da cidade por um tempo. Hoje, estou de volta, só que ainda me sinto péssima. Tenho evitado ao máximo sair, não tenho vontade de conhecer pessoas, de fazer nada, na verdade. Virei uma ilha.

Não sei se o que me martiriza é a perda, o sentimento de culpa (porque nos últimos meses de namoro eu estava insuportavelmente ciumenta) ou a "sensação" de que fui enganada (mais tarde, vim a saber que havia uma outra e isso era público e notório). Eu nem desconfiava da existência dessa outra, que foi alçada à condição de titular absoluta. Será que é um desses fatores ou são todos eles reunidos? Faço terapia, mas gostaria da sua opinião. Obrigada.

Uma ilha de sofrimento. Porque perdeu e porque sabe que se deixou enganar. O namorado se foi e você ficou com ódio dele, de si mesma e da outra. Ódio demais para uma pessoa.

Para se livrar do primeiro ódio, você precisa se debruçar sobre a relação de vocês. Nela, você encontra as razões pelas quais ele foi embora. Para se livrar do segundo ódio, o de si mesma, tem de levar em conta que nós frequentemente não enxergamos o que está a um palmo do nariz. Porque a realidade contraria a fantasia e é esta que nós tendemos a privilegiar. Portanto, não há razão para se culpar e se autoflagelar. Do terceiro ódio, o da "titular absoluta", você se livra curando-se da paixão pela Outra, existente na nossa cultura. Deu origem a uma das grandes peças de Nelson Rodrigues, *A falecida*.

A paixão pela Outra implica o culto da vingança, que é datado do Brasil Colônia, dos tempos da escravidão. Para as filhas de família rica, a alternativa era a vida monástica ou o casamento, que a mulher contraía, aceitando o homem a ela destinado assim como as relações adúlteras dele. A Outra estava implícita no contrato e não o ameaçava. Mas, sempre que o marido se ausentava, a esposa se vingava da escrava suspeita, ordenando ao capataz que marcasse o seu rosto a fogo ou a chicoteasse até morrer. Via na Outra, A Mulher, um mito arcaico que a modernidade perpetua e é o suporte do ódio entre as mulheres. E, consequentemente, do machismo.

O PAI QUE SE AJUDA ESTÁ AJUDANDO O FILHO

Aprecio sua coluna há muito tempo. Me diga, como aceitar que uma pessoa, depois de 17 anos de casamento, avance sobre a poupança de anos de trabalho e simplesmente vire as costas para o marido e o filho?

O dinheiro era para o estudo do filho e ela sabia disso. Hoje, não existe contato e o filho acabou sendo a maior vítima da conduta da mãe. Acho difícil entender e aceitar esta situação.

A conduta da sua esposa é inaceitável. Mas, se você não tiver como convencê-la ou obrigá-la legalmente a devolver o dinheiro, só resta aceitar e tirar do fato uma lição. Bem diz o provérbio popular: "O que não tem remédio remediado está." Deve existir um provérbio equivalente em todas as línguas, porque há na vida mil e uma coisas inaceitáveis. Profundamente injustas e incompreensíveis, sobre as quais não vale a pena tergiversar.

O Buda recusava todas as discussões abstratas, porque elas lhe pareciam inúteis. Formulou a célebre parábola do homem ferido por uma flecha que não deseja tirar a flecha antes de saber a casta, o nome do responsável e dos seus pais, bem como o país de onde são originários. Proceder assim, diz o Buda, é correr risco de morte, "eu ensino a tirar a flecha".

Fazer isso, no seu caso, é aceitar a realidade. E é sobre a sua dificuldade de aceitá-la que você deve se debruçar. Para se sentir melhor e não prejudicar o seu filho com a sua dificuldade e o seu desconsolo. A vida espiritual do pai interfere tanto quanto o estudo na educação do filho. Tudo o que você fizer por você estará fazendo por ele.

Na impossibilidade de consultar um analista para saber como lida com a sua fantasia e com a realidade, você pode se aprofundar no ensinamento do budismo, que não é uma religião, e sim uma filosofia. O budismo dispensa relação pessoal com um Deus, porque é uma doutrina essencialmente ateia, em que não há nem crente e nem divindade. Diferentemente do judaísmo, do cristianismo e do islamismo, não sabe o que é pecado, arrependimento e perdão, três conceitos patéticos. Entre os livros de referência, está *O que é o budismo?*, escrito por Jorge Luis Borges e pela sua companheira, Alicia Jurado.

APRENDER A MUDAR É UMA ARTE

Sou casada há quase sete anos. Meu esposo tem uma empresa com um sócio e os dois decidiram que as esposas não trabalhariam na empresa. Depois que eu tive a nossa filha, o mercado de trabalho se fechou para mim. Migrei da área administrativa para a comercial. Mas esta área pede um desdobramento de horário absurdo.

Me rouba tempo com a família, com a igreja e comigo mesma. Imaginava que, com a empresa do meu marido se desenvolvendo, eu iria trabalhar com ele, contribuindo para melhorar a nossa renda familiar. Porque nós temos quatro filhos (dois do meu primeiro casamento, um do primeiro casamento dele e um do casamento atual). Só que o meu marido não aceita. Insiste em manter duas funcionárias bem pagas.

Tenho o sentimento de ser traída e me deprimo com isso. Ele afirma que a vida em comum poderá ser prejudicada se nós trabalharmos juntos. Que não dá certo, porque tenho muitos defeitos e posso atrapalhar a sociedade.

Somos muito felizes no casamento, porém eu estou amarga. Um ano e meio que eu não rio. Fico supermal quando encontro algum conhecido que trabalha com a esposa. Preciso da sua orientação.

Entendo que você esteja contrariada, mas não que tenha perdido a possibilidade de rir por causa da contrariedade. Duas pessoas podem se dar muito bem no convívio conjugal e menos bem no trabalho. Ser casado com uma pessoa e trabalhar com ela pode não ser uma boa solução. O ponto de vista do seu marido também é respeitável. Ele quer independência no trabalho e ponto. Isso não significa necessariamente que esteja te excluindo. Você precisa se perguntar por que se sente excluída. Que relação o sentimento de exclusão tem com o seu passado. Sabendo, você poderá mudar, e nada é melhor do que esta possibilidade. A mudança é o resultado de uma conquista e a prova de que estamos vivos. Aprender a mudar é uma grande arte. Quem pratica o *tai chi chuan* adquire a consciência disso. Os chineses são longevos por causa dessa prática, que ensina a se deslocar e a se valer da oposição do outro em benefício próprio.

Além de se debruçar sobre a sua história, você pode perguntar ao seu marido quais os defeitos que ele vê em você no trabalho e analisar a resposta dele. Saberá assim se a resposta é convincente ou não e tirará proveito disso.

SEXO REVITALIZA

Aos 42 anos, depois de ter sido casada durante 23 anos e ter tido uma existência absolutamente regrada, me pego vivendo uma aventura com um rapaz de 20 que me faz pensar na música da Violeta Parra. Eu que passei os últimos anos do meu casamento achando que tinha algum problema hormonal, pois não sentia o menor desejo, vivo numa grande euforia desde que conheci o rapaz. Penso em sexo o tempo todo. Meu namorado me excita de uma forma que dá medo.

Ele é o avesso de tudo o que eu planejo para mim em termos de relação. Nós pertencemos a mundos opostos, eu sou doutora por uma universidade estrangeira e ele não tem sequer o ensino médio. No começo, resisti muito ao assédio dele, pois tive medo de cair num golpe desses que os rapazes mais pobres pregam em coroas. O fato é que, além de não ser rica, eu não aparento 42, e ele diz que precisa da segurança que eu dou.

Não desejo fazer planos com ninguém, mas tenho que aceitar melhor esse relacionamento. Já faz quase um ano que nós nos encontramos e eu não consigo apresentá-lo aos meus amigos. Sinto vergonha dele e isso me deixa envergonhada. Como posso sentir vergonha de um homem tão bonito, trabalhador, que não me pede nada em troca do prazer?

Você se casou aos 19, se divorciou aos 42 e voltou a ter 17, graças ao amor, que suspende a realidade e confere aos amantes a idade que eles se atribuem. A intensidade do seu sentimento te dá medo, como se a morte imaginária vivida na relação sexual fosse a morte propriamente dita. Sexo não mata, revitaliza. Salvo quando o fogo da paixão é tomado pelo fogo do inferno, porque o sexo está associado à culpa.

Penso que, no seu caso, esta é a associação e ela explica a vergonha que não se justifica, pois, como você diz, "o rapaz é bonito, trabalhador e não pede nada em troca do prazer". O que te envergonha é o tesão que você sente, você que foi educada para viver uma vida regrada e viveu assim durante 23 anos com o ex. Você está presa a uma educação que desautoriza a paixão amorosa, pois, pela sua natureza, ela subverte a ordem.

Agora, não há como escapar à paixão. Ela é imperiosa. Por que não vivê-la, aproveitando o máximo, já que a morte real existe e a vida é datada? Já que o futuro é incerto e o presente é o que nós efetivamente temos? Como tão bem diz a escritora Márcia Denser no livro *Prosa escolhida*, nós somos "desejo e pó".

CADA UM É UM

Leio sua coluna desde que ela saiu e tem sido um consultório sentimental para mim. Tiro partido dos relatos de pessoas com problemas diferentes e das observações que você faz para resolver os percalços da minha vida.

Cheguei a mandar uma mensagem para você há dois anos, quando ainda era casada e vivia uma crise que culminou com a separação. Na época, o que me afligia era uma dúvida quanto à separação. Me separo ou não? Porque estava casada há 23 anos com o homem que havia sido o meu único parceiro sexual, mas com quem eu já não sentia mais prazer.

Não obtive resposta para a minha dúvida. Talvez porque, embora eu estivesse muito aflita, o meu caso fosse prosaico. No momento, passo por uma experiência que me parece absurda, louca, porém é absolutamente prazerosa.

Prosaico significa comum. Eu não deixo de responder a um e-mail porque a história do consulente é comum. Através da análise, é possível chegar ao que há de particular na história e mostrar a universalidade do drama. Com isso, todos os leitores da coluna podem se beneficiar.

Um dos critérios da seleção do e-mail é a possibilidade que o consulente me dá de chegar a uma resposta bem fundada. Você talvez não tenha me dado elementos suficientes no primeiro e-mail que me enviou. Mas o que importa é você ter deixado um casamento que não dava prazer para viver uma experiência prazerosa.

Folgo em saber que isso decorre da leitura desta coluna, já que você tira partido dos relatos de pessoas com problemas diferentes dos seus e das minhas observações para resolver os percalços da sua vida. O consultório sentimental tem que funcionar assim mesmo, exatamente como o romance funciona.

Nele, a pessoa se debruça sobre uma história que nada tem a ver com a própria e tira ensinamentos preciosos. Não há, por exemplo, história mais ilustrativa do descompasso entre a realidade do casamento e o ideal do amor do que a de *Madame Bovary*. À diferença da Bovary, as mulheres adúlteras de hoje vivem num tempo em que o imperativo da fidelidade não tem o mesmo peso e a infidelidade não tem as mesmas consequências — porque tivemos a revolução dos anos 60 e a luta feminista. Mas o romance de Flaubert é a melhor leitura para refletir sobre o casamento e o adultério.

O INCONSCIENTE PODE SER IMPLACÁVEL

Olá, tenho 27 anos, sou professora de escola pública e curso Direito. Resolvi te escrever porque perdi o rumo. Destruí todos os meus planos por irresponsabilidade e imprudência. Por ter a compulsão de comprar. Comprei tudo de que precisava e não precisava e acabei num endividamento total. Hoje, não tenho mais cartão de crédito e recebo menos da metade do meu salário, por causa dos empréstimos que fiz. Estou sendo insistentemente cobrada.

Meu emprego é o pior do mundo. Além de ser mal-remunerada, ainda tenho que aguentar coordenadores fingidos e adolescentes sem interesse algum em aprender. Por isso, fui fazer Direito para tentar outro emprego. Mas, como estou endividada, não posso investir num bom cursinho e me preparar para a carreira jurídica.

Sinto ódio de mim mesma, porque poderia ter usado o meu salário de professora para me formar. Só me restaram a angústia e o desespero. O que eu faço? Será que é possível recomeçar? Ou será que é tarde? Necessito de uma resposta urgente.

Em 1919, Freud escreveu: "Podemos reconhecer no inconsciente a supremacia de uma compulsão de repetição (...) dependente da natureza íntima das pulsões, suficientemente poderosa para se sobrepujar ao princípio do prazer, dando a certos aspectos da vida psíquica o seu caráter demoníaco". Esse texto, que sintetiza o drama narrado por você, bastaria para te desculpabilizar.

O inconsciente é implacável, como foi no seu caso. Você agiu compelida por ele e precisa parar de fazer o mea-culpa.

Só precisa se perguntar o que tem a compulsão de comprar a ver com a sua história. Procure descobrir. Isso é decisivo para você não se repetir, escapar ao que há de demoníaco na condição humana — a pulsão de morte.

Claro que é possível recomeçar. Sempre é. Você deve se valer do que aconteceu para aprender a se refrear. O termo usado para isso nas empresas é *redirecionar,* e cabe a cada um de nós ser o empreendedor da própria vida. O segredo do bem-estar é fazer tudo de propósito. Não é fácil, requer aprendizado, porém é possível. Se a angústia for demasiada, procure um psiquiatra para ser devidamente medicada.

A PESSOA AMA COMO FOI AMADA

Meu pai: fumante, inteligente, nervoso, incapaz de elogiar, reconhecer, abraçar e beijar o filho — salvo no aniversário ou em alguma situação especial. Estourado no trânsito e na empresa. Se colocado numa situação difícil, fala qualquer coisa para magoar quem está por perto. Vejo-o como uma pessoa frustrada e sempre insatisfeita. Minha mãe: calma, submissa, de fácil convívio e frágil.

Me casei este ano. Volta e meia, penso como tratei mal o meu pai. Não tenho paciência de ouvi-lo. Ajo com indiferença e muitas vezes com ressentimento. Quanto à minha mãe, sempre a tratei com muita cobrança e aspereza.

Queria ter tido um convívio mais amoroso, sem mágoa. Agora, que me casei, sinto culpa. Meus pais talvez não tenham tido pais amigos, companheiros. O que eu faço? O problema está em mim ou neles? Uma terapia de vidas passadas ajudaria? Aguardo resposta.

Culpa pelo convívio amoroso que você poderia ter tido e não teve? Ora... Se não teve é porque não poderia ter tido. A fantasia é uma coisa, a realidade é outra. No passado, você foi como lhe era dado ser. Nem tudo se pode. Agora, a vida muda e, com a mudança, a gente tem condições de reconsiderar certas atitudes. Você está no caminho, porque está se questionando. Isso já é muito. A condição para reinventar a existência é esta.

É possível que os seus avós não tenham tido com os seus pais uma relação que viabilizasse a amizade deles com você. Digo isso porque a gente ama como foi amado. Refletir sobre a vida passada dos seus ancestrais certamente ajudará a descobrir o porquê das condutas que provocaram o seu ressentimento e a sua aspereza.

Não se trata de fazer uma "terapia de vidas passadas", porém de se debruçar sobre as vidas dos que te precederam para reinterpretar a sua história com eles e agir de maneira mais adequada. Tanto no que diz respeito a eles quanto no que diz respeito à sua descendência, com a qual você poderá trilhar o caminho da amizade. Um caminho que depende sobretudo do ato generoso da escuta.

Ser amigo do filho é considerar que ganhamos perdendo tempo com ele e ensinar, insensivelmente, a importância do ato gratuito. Também é renunciar à luta de prestígio, desacreditar a guerra e valorizar a paz.

QUEM FALA PODE SE SURPREENDER E MUDAR

Durante toda a vida, me esforcei para ser o melhor filho, o irmão mais querido, o namorado perfeito, o funcionário exemplar, o chefe compreensivo, o amigo de todas as horas... Conquistei a admiração de todos que me cercam. Graças ao seu consultório sentimental, percebi que muito do que fiz foi para satisfazer o desejo do outro e ser adorado, me sentir superior. Por conta disso, modéstia, resignação, conformismo, contenção e aparência de humildade são características minhas. Mas, como não poderia deixar de ser, muitas vezes o desejo do outro se mostra incompatível com o meu.

Me casei por conta de uma gravidez inesperada e estou no casamento há oito anos. No início, me esforcei para agradar minha esposa e fiz dela uma mulher feliz. Há algum tempo, no entanto, já não consigo satisfazê-la em nenhum plano. Gostaria muito de me separar, pois somos pessoas que não têm os mesmos objetivos. Só que eu tenho pavor da reprovação dela, dos meus três filhos e dos amigos.

Caí na armadilha da traição e a história quase foi revelada. Na ocasião, vivi os piores dias da minha existência. Cheguei até a pensar em suicídio. Preciso aprender a decepcionar os outros para viver.

Você sabe o que se passa com você e o que você quer. No entanto, não consegue sair da posição de objeto do "desejo do outro" em que se encontra. O seu e-mail mostra que a capacidade de analisar a própria situação não basta para mudá-la. Noutras palavras, ele expõe claramente o limite da reflexão. Por isso, para a Psicanálise, o "Penso, logo existo" de Descartes deve ser substituído por um "Digo, logo existo". A gente só enxerga o que a consciência não alcança falando e sendo ouvido. Quem fala pode se surpreender com o que diz. Se devidamente escutado, se valerá do que disse e mudará a sua vida.

Para superar o pavor, o melhor é procurar um analista. O pavor é datado do passado e a rememoração permitirá encontrar a explicação que há de te liberar. Você tem que fazer um trabalho com você mesmo para conseguir dizer *não* e conquistar a liberdade desejada. Ademais, é possível se divorciar sem romper. Para tanto, sua esposa, seus filhos e seus amigos deverão ser convencidos da necessidade da separação e isso acontecerá se você estiver convicto e se valer da capacidade de persuasão que tem.

A RAIVA SÓ PREJUDICA

Tenho 28 anos, sou mãe e amo meu filho. Não tenho dúvida alguma em relação a isso. Porém, em alguns momentos, eu perco o controle e agrido o menino, que só tem um ano e meio. Já fiz isso várias vezes. Não é algo recorrente, mas, sob forte estresse, quando ele se recusa a dormir e eu estou exausta, acabo dando um beliscão ou apertando seu bracinho... Logo após a catarse, me sinto péssima. Me acho uma mãe horrível, apesar de todo o amor e carinho por ele. Minha mãe também perdia o controle e batia na gente... Será que sou a reprodução pura e simples dela? Quanto estou traumatizando meu filho?

Hoje, depois do súbito ataque, disse a ele "me perdoa, filho, por eu sucumbir tão facilmente à raiva". Às vezes, penso que nunca vou me libertar deste monstro que faz parte de mim. Mas, como ser humano, dotado de razão e cultura judaico-cristã, que alimenta a culpa, sinto vontade de desaparecer. Morrer não seria o suficiente. Será que posso ser maior do que a raiva que carrego?

Não sei por que você usa a palavra *catarse*, que designa o efeito salutar provocado pela lembrança de um fato traumatizante até então reprimido. A palavra é originária do grego e designava para Aristóteles o efeito moral e purificador da tragédia, cujas situações dramáticas, de extrema intensidade, provocam sentimentos de terror e piedade, proporcionando alívio aos espectadores. O ato de bater no seu filho não tem nada de catártico, pelo contrário, te deixa péssima.

Claro que você só faz isso porque a sua mãe perdia o controle e batia nos filhos, o comportamento foi autorizado por ela. Agora, você não é a reprodução pura e simples da sua mãe. Tem a liberdade de encontrar um caminho diferente e se tornar capaz da contenção. Tem e deve, para que o seu filho não bata no seu neto. Ou seja, para mudar o padrão de comportamento da família. Isso nunca é fácil, implica um verdadeiro empenho.

É possível inclusive que você reincida nesse padrão para depois fazer o mea-culpa e confirmar o pertencimento à cultura judaico-cristã. Você tem um trabalho importante a fazer consigo mesma, por você e pelo seu filho. E, na minha opinião, esse trabalho não deve ser adiado. O adiamento acabará custando muito caro. Quanto antes você parar de sucumbir à raiva e de pedir perdão, melhor.

A PRUDÊNCIA É SALUTAR

Tenho 23 anos e namoro um rapaz maravilhoso, da minha idade. Às vezes, temos algumas brigas, mas de forma geral confio nele e o amo muito. No entanto, comecei a me relacionar por e-mail com um outro, 20 anos mais velho e casado. Este segundo é um cara genial, que me ajudou muito e é superquerido. Trocamos e-mails muito interessantes. Quando nos encontramos, rolou uma atração física muito forte. Só que não transamos, porque não tenho intenção de trair meu namorado e não teria coragem de ficar com um homem casado.

Algumas amigas me dizem que estou na fase de aproveitar, ter experiências, correr riscos e, principalmente, respeitar meus sentimentos. Não sei o que fazer. Nunca traí ninguém, mas neste momento estou nutrindo um forte sentimento por duas pessoas. Devo correr o risco de ter um amante?

Como eu poderia responder à sua questão? Dizem que Deus dá o frio conforme o cobertor. E do seu cobertor, ou do risco que você pode correr, só quem sabe é você.

O namoro aberto existe, mas não é o caso do seu. Se falar do outro para o namorado, ele provavelmente não vai suportar e vai embora. Se não falar e viver clandestinamente a nova relação, vai ter que arcar com a traição e a deslealdade. A situação não é fácil. Suas amigas não respeitam os seus sentimentos ambivalentes quando te incitam a ir em frente. Também não levam em conta que a prudência pode evitar o erro e a infelicidade. Sempre que a gente não sabe o que fazer, é melhor não fazer nada. Só faz sentido ir em frente quando não é possível se conter, porque a atração física é irresistível e a contenção causa um sofrimento muito grande.

Seja como for, você precisa descobrir o motivo pelo qual está nesse triângulo. Ao ler que *de forma geral* você ama o namorado, fiquei com a pulga atrás da orelha. Quem ama verdadeiramente não faz esse tipo de consideração — tem certeza do amor. *De forma geral* é uma expressão que se explica numa relação conjugal, porém é estranha quando se trata de namoro, pois os namorados têm total liberdade de ficar juntos ou de se separar.

Será que você está vivendo o namoro como se fosse casamento e precisa de um amante por estar insatisfeita? O e-mail que você me escreveu te obriga a questionar a relação atual para saber se quer continuar nela.

A VINGANÇA MALTRATA QUEM SE VINGA

Gosto de usar saia e usaria fora de casa se não fosse o preconceito. Isso começou quando meu pai me obrigou a pôr a saia da minha irmã, por eu ter ido brincar na rua, contrariando-o. Meu pai era violento. Agredia minha mãe verbal e fisicamente. Na ocasião, passei a maior vergonha, pois ele chamou meus amigos e disse que, a partir daquele momento, deveriam me dar um nome de menina. Comecei a usar saia escondido e acabei gostando. Parei ao associar a saia com "coisa de mulher". Acho que desencanei por um tempo, mas o gosto ficou, apesar do medo de parecer gay.

Morei nos EUA quase cinco anos e lá comecei a ver alguns caras usando kilt. *Descobri que há um movimento de homens que querem usar saia em vários lugares do mundo: EUA, Canadá, Europa, Argentina e, recentemente, Brasil. Antes da Segunda Guerra Mundial, as mulheres não podiam usar calças e agora podem usar tudo. Por que os homens não têm a mesma liberdade de escolha, por que se privam, por que essa repressão? O fato é que eu agora quero poder usar saia em qualquer lugar.*

Tenho feito terapia e trabalhado muitas questões, principalmente a da ausência do meu pai como figura paterna e a da sua violência. Apesar de estar com a cabeça mais esclarecida, não consigo entender por que o meu pai fez aquilo. Será que a sexualidade dele não estava resolvida?

Você deve poder usar saia e até mesmo saia curta onde quer que esteja sem ser recriminado. O direito à vestimenta que nos agrada é tão importante quanto o direito ao parceiro do mesmo sexo ou do outro. E você deve inclusive considerar a possibilidade de aderir ao movimento que você menciona e sustentar publicamente o seu desejo. Desde que não seja uma maneira de se vingar do seu pai. Porque a vingança maltrata quem se vinga.

Não saberia responder à questão relativa à sexualidade dele. Primeiro, porque não sei o que é uma sexualidade resolvida. Segundo, porque não sei nada sobre ele. Agora, seja qual for a problemática de um pai, ele não tem o direito de humilhar o filho. E o seu foi particularmente perverso. O que ele fez com você é ainda pior do que uma agressão verbal ou física.

O melhor partido que você pode tirar da sua análise é se valer dela para se separar do seu ancestral, procurando entender qual o efeito da conduta perversa dele sobre a sua vida — ou seja, se existe ou não relação entre a humilhação a que você foi submetido e o gosto pela saia. Se você está ou não às voltas com um gozo masoquista.

SÓ É FELIZ QUEM SE ACEITA

Da minha infância, eu tenho duas lembranças relativas à minha aparência física. Na primeira, o médico conversava com minha mãe e dizia que eu ia ser uma moça bonita. Na segunda, uma colega dizia, na porta da escola, que, de bonito, eu só tinha a cor dos olhos — verdes.

Na adolescência, não tive namorados facilmente. Flertava muito (sou bonita de longe), porém os que se aproximavam logo sumiam. Já adulta, no trabalho, os colegas paqueravam e eu não conseguia namorar ninguém.

Não sei como consegui atrair meu marido. Ele talvez tenha ficado comigo por ter sérios problemas familiares e ter encontrado o apoio de que precisava. Estamos juntos há 20 anos. Durante esse tempo, enfrentamos muitos problemas. O meu desejo sexual desapareceu (ele faz que não vê) e eu me deprimi. Ele aceita tudo e, aparentemente, não está insatisfeito. Eu o desvalorizo por gostar de mim, pois como pode um homem tão bonito gostar de uma mulher feia?

Racionalmente, sei que a falta de beleza é compensada pelo fato de eu ser inteligente, interessante e até atraente (muitos colegas hoje me paqueram). Mas eu sou fascinada pela beleza e me sinto um monstro repugnante. Como seria bom ter um rosto cujo formato é equilibrado, de traços delicados. Não sei como vencer o problema para ser feliz com meu marido, valorizar o seu amor por mim e transmitir autoestima aos meus filhos.

O fascínio pela beleza está na origem de uma grande guerra. Foi a irresistível beleza de Helena que desencadeou a guerra narrada por Homero entre os gregos e os troianos. O fascínio no seu caso te leva a guerrear contra você mesma. A não se suportar por não ter um rosto de formato equilibrado e traços delicados, conforme o modelo de beleza clássica. Você se considera repugnante por não corresponder a esse ideal. Noutras palavras, não gosta de si mesma porque a realidade não satisfaz a sua fantasia.

Você é vítima de uma relação com o imaginário que impede de aceitar os fatos. O seu desejo de ser como você não é te escraviza e obriga a uma contínua autoflagelação. Você precisa se livrar dessa escravidão. Do contrário, a sua vida não muda. Para se liberar, tem que falar e ser ouvida até descobrir qual a origem do desejo que te martiriza e causa a sua depressão.

Nas lembranças de infância que você menciona, está a sua mãe, a quem o médico prometia uma moça bonita. Será que você é presa dessa promessa do médico e do desejo materno que ela suscitou? O trabalho analítico te fará revisitar o passado e se deixar visitar por ele até encontrar uma resposta e parar de se fustigar.

A VIDA IMPLICA SAÚDE E DOENÇA

Tenho 34 anos e sou casado há 15 com minha mulher de 32. Somos pai e mãe de um menino de 12 e de uma menina de 9. Ou seja, tudo aconteceu muito cedo. O fato é que o nosso relacionamento anda muito mal... Minha mulher se trata, há mais ou menos seis anos, com medicação pesada, por ser bipolar. Recentemente, saiu de uma empresa multinacional onde tinha uma função de destaque e o nosso padrão de vida caiu.

A causa principal dos últimos atritos tem sido o distúrbio de humor dela. Diz que vai voltar para o trabalho, porém eu não sinto comprometimento. Antes de sair do último emprego, conseguiu gerar uma dívida absurda. Tive que bloquear o cartão. Hoje, está recebendo seguro-desemprego e não ajuda nada em casa. Eu não cobro, porque o humor dela depende da sua autoestima, que está diretamente ligada à compra de roupas novas e ao salão de beleza.

A variação de humor é absurda. A cada vez que ela me pede para conversar, eu me preparo para absolutamente tudo. Inclusive para a separação...

Antes, ela se queixava de trabalhar demais. Agora, se queixa da falta de dinheiro. Sexo, quando rola, é sempre bom, mas a frequência é baixa. A minha paciência está se esgotando. Gostaria de viver a minha vida ao lado dela, porém não sei se este caminho me fará feliz.

O que primeiro me chamou a atenção no seu e-mail foi a repetição da palavra *minha*, "minha mulher", "minha esposa", que revela uma ligação forte com a sua companheira. Agora, como viver com uma pessoa cujo humor varia continuamente?

Primeiro, ajudando-a a encontrar um equilíbrio. Não acredito que a medicação pesada seja suficiente para isso. A medicação é imprescindível, porém não basta.

A bipolaridade tem origem numa disfunção do cérebro, mas pode ser agravada pela história subjetiva da pessoa, que precisa se conhecer para lidar com a doença. Quanto mais a pessoa se conhece, mais condições terá para se tratar, se curar ou conviver com o problema.

A vida implica saúde e doença. Por isso a paciência é fundamental. Sem ela, ninguém pode ser feliz ou longevo. A paciência nunca é fácil, mas pode ser conquistada. Resulta da aceitação da realidade e da relativização do problema, através de uma consciência particular — a "consciência da impermanência" em que os budistas insistem. Eles sabem que nem o bem é permanente e nem o mal. Ou, mais simplesmente, que tudo passa.

O FALO É UMA FLOR

Tenho 21 anos e sou gay. Nenhum problema quanto à minha condição sexual. Me aceito, embora tenha sido criado em um ambiente cristão, onde o sexo é condenado. Quando eu era criança, apesar de ausente e violento, meu pai brincava de manipular meu pênis. Minha mãe tem vários problemas de saúde e nunca se importou com a sexualidade do filho. Não sou assumido em casa.

Na infância, fantasiava que era uma garota. Na pré-adolescência, me via como um ser "híbrido", cujo pênis não impediria os outros garotos de se aproximar. Hoje, que posso manter relações sexuais livremente, não encontro o meu papel. Me sinto mal na condição de passivo, tenho dores e desconforto. Também não sou física e mentalmente ativo. Isso me deixa ansioso e, consequentemente, estou com problemas de ereção.

Manipular o pênis de uma criança é um ato abusivo, que deveria ser punido. Quando a criança é o filho, trata-se de um ato incestuoso. Óbvio que o seu pai interferiu na sua sexualidade ao te manipular. Era ausente, mas com o prazer que te dava "brincando" com o seu pênis, tornava-se presente. Você se apegou à brincadeira, porque com ela deixava de ser órfão. E a palavra *órfão* aqui não é casual, pois a sua mãe também era ausente.

Você cresceu sendo a garota do próprio pai. Normal que, na condição de passivo, tenha dores e desconforto. Anormal seria se tivesse prazer. Por outro lado, você não se dá bem na posição de ativo e nem podia se dar. Ativo era o seu pai, um homem com quem você não tem como se identificar.

Quando você se separar da criança que você foi e do pai que teve, a sua vida sexual se tornará possível. Você ficará livre de um pênis que te atormenta e saberá do falo, a flor da qual jorra o esperma e a alegria.

Para se liberar, precisa reconstruir a sua história, vir a ser outro para você mesmo. A reconstrução requer trabalho e o melhor recurso, no seu caso, é a análise, porque levará a uma simbolização nova. Se fosse você, eu não hesitaria. Quanto antes você se dispuser a falar para ser ouvido e se ouvir verdadeiramente, melhor. A vida é uma só e você não deve perder o tempo feliz da ereção.

O AMOR NÃO TEM PREÇO

Tenho 19 anos e há três eu namoro com um homem de 50. Uma pessoa boa, de quem a minha família gosta muito. Ele tem uma situação financeira excelente. Antigamente, eu morava com minha mãe. Hoje, ele fez uma casa em cima da casa dela. Moro sozinha e tenho as minhas coisas. Só que eu quase não o vejo, porque ele é casado. Respeita muito a família, a esposa (que também tem 50 anos) e a filha.

O nosso relacionamento é legal, ele jamais vai abrir mão de mim, é muito ciumento. Só que eu quero me casar e ter filhos. Me trata bem, me dá tudo o que eu quero, como se fosse um pai, e eu o amo muito. Agora, ele nem pode ser meu companheiro para o resto da vida e nem pode me dar um filho. Será que um dia ele vai mudar e ficar comigo? Tenho medo do futuro. O que fazer?

Não é propriamente o futuro que está em questão, porque você é uma menina. Tem 19 anos. Você está descontente com o presente e nem poderia deixar de estar. O seu "namorado" alugou a sua vida para ele, alugou a sua juventude, os 16, os 17 e os 18 anos. Como os coronéis do Nordeste, montou casa para a amante, de quem ele em troca exige fidelidade. Ainda que só a veja quando bem entende. Tem vida dupla e, como todo macho que é macho, não dá satisfação. Inclusive porque confia no poder do dinheiro.

Sua família, que não deve ter muitos recursos, não se opôs. Ficou até contente com a melhora do seu nível de vida. Você já tem inclusive casa própria. Não pede nada, porque o "namorado" dá tudo, não custa um centavo aos familiares.

Ele te trata como um pai, porém não pode ser confundido com um pai, que não exige a transa em troca do que dá. O "namorado" te compra e não discute o preço. O mais provável é ele não largar a esposa para ficar com você, que é o bibelô dele. Vai continuar nesta situação? Quanto antes você romper, melhor. Com ou sem o apoio da sua família.

Aos 19 anos, você tem a vida pela frente para descobrir o amor que move o sol e as estrelas e não tem preço. Por ele, vale tudo. Porque a felicidade que este amor traz é incomparável. Suspende o tempo e oferece a eternidade. Faz ver o arco-íris e ouvir a lira de Orfeu, cujos sons eram tão melodiosos que os rios paravam de correr e as árvores, de farfalhar.

NÃO DAR OUVIDOS PODE SER TÃO IMPORTANTE QUANTO ESCUTAR

Você é a minha única opção. Não tenho condições de pagar um especialista e não posso abrir a minha história para qualquer um. Não quero expor meu marido e minha cunhada, que tiveram uma paixão na adolescência e praticaram o incesto. Foi ela que me contou isso e ele confirmou numa conversa dura e dolorosa.

Quando me casei, os dois não se falavam e ficaram dois anos afastados, porque ele achava que ela havia revelado a verdade no intuito de prejudicar o casamento, por ciúmes. Agora, eles voltaram a se falar, mas eu não me dou bem com ela, que, aliás, não faz a menor questão disso. Nas discussões que tivemos, me disse que o casamento acabaria quando ela bem entendesse, pois o irmão ainda gostava dela.

Neste fim de semana, viajamos para a casa de parentes e eu me senti excluída quando fizeram as fotos de família. Percebi o carinho do meu marido pela irmã. Conversamos sobre isso e ele respondeu que não quer escolher entre ela e mim. Que estou sendo imatura, pois só pretende refazer a própria história. Já faz um bom tempo que estamos brigando. Ele não dormiu em casa ontem e eu estou pensando em me separar.

Existem basicamente duas maneiras de lidar com o passado. A primeira consiste em se valer dele para intervir no presente. Isso é o que a sua cunhada faz, procurando atravancar a sua vida. A segunda consiste em se valer do presente para dar ao passado um sentido novo. Isso é o que o seu marido tenta fazer, vencendo a resistência da irmã.

Na medida em que você se entrega ao ciúme, avalia o discurso da sua cunhada e a fortalece. A conduta dela é perversa, pois nada conta além do prazer. Ter praticado o incesto na adolescência é uma coisa. Insistir nele, na vida adulta, é outra. O seu marido não quer isso e precisa ser ajudado. Você ajuda não dando ouvidos à sua cunhada, para que ele possa refazer a própria história sem romper. Ou seja, para refazê-la verdadeiramente. Romper com a irmã não é o que ele quer e ninguém pode exigir isso.

Sua situação não é fácil, mas, se você tiver sabedoria, poderá transformá-la e ficar casada de outra forma, tendo um companheiro grato pela sua coragem e pela força que você deu a ele. A vida é assim, requer empenho para que possamos tirar o melhor partido dela.

SÓ O AMOR DO CÃO É INCONDICIONAL

Tenho uma namorada que é demasiadamente apegada ao seu animal de estimação, um cão. Não sou pela criação de animais de estimação e o apego dela está causando sérios problemas em nosso relacionamento. Parece loucura, mas possivelmente terminaremos o nosso namoro por causa de um cão.

A Psicanálise nasceu na língua alemã e renasceu na língua francesa com a obra de Jacques Lacan, uma obra consagrada ao retorno a Freud. Neste retorno, ele introduziu o conceito de *parlêtre*, que diz respeito ao ser humano e significa "o ser da fala". O conceito foi traduzido em português por *falesser*, graças a MD Magno, psicanalista e tradutor de mais de um seminário do mestre francês. Trata-se de um achado, de um neologismo particularmente feliz por causa da referência a falo e a falecer.

Os seres humanos é que são os *falesseres*, mas, segundo Lacan, o cão também pode ser considerado um deles. Se não fala, escuta o dono e, se for bem treinado, atende. Sempre que possível, fica com ele na sala, no sofá diante da televisão, na cama... Olha para o dono com ternura e, como não fala, nunca o contradiz. O que ele mais quer é ficar junto e, para isso, não impõe condições. O amor do cão é incondicional, como o da mãe pelo recém-nascido.

Agora, esta relação é diferente da que se estabelece entre dois seres adultos que expressam o seu desejo, podem entrar em desacordo, porém também podem coincidir e alcançar uma felicidade única — a felicidade propiciada pelo amor dos falantes, cantada desde sempre em prosa e verso.

Se o seu namoro pode acabar por causa de um cão, é porque vocês estão se confundindo. O porquê disso eu não sei. Só sei que é possível descobrir o motivo analisando os fatos.

Isso posto, seria bom se perguntar por que você é tão contrário aos animais de estimação, que foram e são tão amados. Sobretudo pelos artistas e escritores. Para Chateaubriand, o gato era um animal filosófico no qual ele se espelhava. A propósito de Micetto, gato a ele presenteado pelo papa, ele escreveu que, em Paris, procurava fazer o animal não mais lembrar a capela Sistina e o sol da cúpula de Michelangelo sob a qual Micetto passeava, esquecido da Terra.

O AMOR NÃO REQUER PROVAS

Há três anos eu namoro um rapaz que já foi casado e tem uma filha. No começo do relacionamento, a ex-mulher dele fez de tudo para perturbar a nossa relação. Hoje, eu às vezes sinto ódio, uma raiva incontrolável da tal mulher. Mesmo sem nunca a encontrar.

Meu namorado e eu brigamos muito, pois quero que ele tenha o ódio que eu tenho. Sou infeliz por não me esquecer dela e transformo o namoro num verdadeiro inferno — por causa de uma mulher que faz parte do passado dele e só. O pior é que eu já sabia, quando comecei a namorar, que ele havia sido casado. Como superar o problema?

"— Diga que você odeia a sua ex-mulher como eu. Se você não disser, é porque não me ama." Parece telenovela, mas é o seu discurso. Você exige do namorado que ele se entregue ao ódio e prove que te ama, sofrendo e sendo como você. Uma insensatez, porque não traz benefício algum, ou melhor, só o benefício de uma satisfação narcísica.

O seu e-mail me lembrou o poema de Drummond: "Dois amantes se amam cruelmente, espelham-se um no outro e não se veem". Além de cruel, a sua exigência é tão contrária ao seu namorado quanto a você mesma. Como se livrar dela? Perguntando-se, por exemplo, que relação existe entre o triângulo formado por você, seu namorado e a ex-mulher e o outro triângulo em que você primeiro viveu, formado por você, seu pai e sua mãe. A resposta talvez permita entender por que você não deixa a ex existir no passado e não ocupa sozinha a cena do presente. Ou seja, por que você precisa estar continuamente em companhia de outra mulher, imaginando que ela ameaça a sua vida? O que tem isso a ver com a sua mãe?

Você é vítima de um gozo masoquista e seria bom saber qual a origem dele para se desapegar e entender que o amor não requer provas. Que as provas são para os atletas e os amantes se amam e nada mais.

A sua paixão de hoje é a do ódio, que se alimenta da paixão da ignorância. Superar o problema é renunciar a essas duas paixões e, para tanto, você precisa se debruçar sobre a sua história.

A VIDA DEPENDE DA BOCA

Tenho 26 anos e estou namorando há quase um ano uma moça de 20. Ela cursa Psicologia e não gosta da abordagem psicanalítica. Há algum tempo, está muito ansiosa para emagrecer. Embora seja bonita de rosto e de corpo, se acha gorda e feia, não se aceita. A irmã dela teve uma anorexia grave, que felizmente foi superada. Hoje, vive bem.

A minha namorada devia ter usado colete e não usou. Isso também a incomoda, pois tem um desvio da coluna perto da nuca. Ela é relaxada e não cuida bem da saúde. Faz uma dieta errada, porém não encontra motivação para mudar. Às vezes, a falta de motivação é tamanha que não sai de casa. Por outro lado, não quer se trocar perto de mim. Chega a exigir, quando tomamos banho juntos, que a luz fique apagada para eu não a ver. É capaz de destruir quase tudo o que faz bem a ela e a deixa feliz. Quis convencê-la a procurarmos um profissional que nos ajude. Aceitou a ideia, mas um dia jogou na minha cara que eu só sabia dizer que ela precisa de tratamento.

A sua namorada precisa mesmo se tratar e você não pode abrir mão disso. Terá que encontrar as palavras convincentes. Do contrário, o namoro acabará ou será infeliz. No caso dela, se tratar significa, por um lado, descobrir por que não se aceita e, por outro, aprender a se alimentar. Se ela não gosta da abordagem psicanalítica, terá que procurar outra que seja eficiente. Além disso, precisa consultar o nutricionista, que ensina a comer, ter uma relação saudável com a boca. A vida depende — e muito — disso.

A expressão *o peixe morre pela boca* é normalmente associada à palavra, mas bem pode ser associada à comida, porque nós nos matamos comendo como na infância em vez de comer o que nos faz bem. Ou ingerindo os mesmos alimentos que nos serviam ou a mesma quantidade, quando o corpo muda e as necessidades são outras.

Não é por acaso que procedemos assim. Quando crianças, nós comemos também para satisfazer os pais e o desejo de satisfazê-los pode perdurar inconscientemente ao longo da vida. Perdurar fazendo mal. Para viver bem, é preciso romper os velhos hábitos e se transformar. Quem come além da conta tem que examinar a relação dos seus familiares com a comida. Para estabelecer uma relação diferente, adequada às suas necessidades no presente.

Este livro foi composto na tipologia Times
New Roman, em corpo 12/16,8 e impresso em
papel off-white 80g/m², na Markgraph.